Bibliothek der Erstausgaben

★

Heinrich Heine
Deutschland. Ein Wintermährchen

Heinrich Heine

Deutschland

Ein Wintermährchen

Hamburg 1844

Herausgegeben von
Joseph Kiermeier-Debre

Deutscher Taschenbuch Verlag

Der Nachdruck des Textes folgt originalgetreu
der Erstausgabe von 1844.
Die Originalpaginierung wird im fortlaufenden Text vermerkt.
Der Anhang gibt Auskunft zu Autor und Werk.

Originalausgabe
Dezember 1997
2. Auflage Mai 1998
Deutscher Taschenbuch Verlag GmbH & Co. KG, München
© 1997 Deutscher Taschenbuch Verlag, München
Umschlagkonzept: Balk & Brumshagen
Umschlagbild: Ausschnitt des Gemäldes
„Die Hunde als Revolutionäre" (1842)
von Friedrich Anton Wyttenbach
Gesetzt aus der Bembo Berthold
Satz: Fritz Franz Vogel, CH–Wädenswil
Druck und Bindung: C. H. Beck'sche Buchdruckerei, Nördlingen
Gedruckt auf säurefreiem, chlorfrei gebleichtem Papier
Printed in Germany • ISBN 3-423-02632-4

Deutschland.

———

Ein Wintermährchen.

Geschrieben im Januar 1844.

———

|279|

Caput I.

Im traurigen Monat November war's,
Die Tage wurden trüber,
Der Wind riß von den Bäumen das Laub,
Da reist' ich nach Deutschland hinüber.

Und als ich an die Grenze kam,
Da fühlt ich ein stärkeres Klopfen
In meiner Brust, ich glaube sogar
Die Augen begunnen zu tropfen.

Und als ich die deutsche Sprache vernahm,
Da ward mir seltsam zu Muthe;
Ich meinte nicht anders, als ob das Herz
Recht angenehm verblute.

|280| Ein kleines Harfenmädchen sang.
Sie sang mit wahrem Gefühle
Und falscher Stimme, doch ward ich sehr
Gerühret von ihrem Spiele.

Sie sang von Liebe und Liebesgram,
Aufopfrung und Wiederfinden
Dort oben, in jener besseren Welt,
Wo alle Leiden schwinden.

Sie sang vom irdischen Jammerthal,
Von Freuden, die bald zerronnen,
Vom Jenseits, wo die Seele schwelgt
Verklärt in ew'gen Wonnen.

5

Sie sang das alte Entsagungslied,
Das Eyapopeya vom Himmel,
Womit man einlullt, wenn es greint,
Das Volk, den großen Lümmel.

10

|281| Ich kenne die Weise, ich kenne den Text,
Ich kenn' auch die Herren Verfasser;
Ich weiß, sie tranken heimlich Wein
Und predigten öffentlich Wasser.

15

Ein neues Lied, ein besseres Lied,
O Freunde, will ich Euch dichten!
Wir wollen hier auf Erden schon
Das Himmelreich errichten.

20

Wir wollen auf Erden glücklich seyn,
Und wollen nicht mehr darben;
Verschlemmen soll nicht der faule Bauch
Was fleißige Hände erwarben.

25

Es wächst hienieden Brod genug
Für alle Menschenkinder,
Auch Rosen und Myrthen, Schönheit und Lust,
Und Zuckererbsen nicht minder.

|282| Ja, Zuckererbsen für Jedermann,
Sobald die Schooten platzen!
Den Himmel überlassen wir
Den Engeln und den Spatzen.

5

Und wachsen uns Flügel nach dem Tod,
So wollen wir Euch besuchen
Dort oben, und wir wir essen mit Euch
Die seligsten Torten und Kuchen.

10

Ein neues Lied, ein besseres Lied,
Es klingt wie Flöten und Geigen!
Das Miserere ist vorbey,
Die Sterbeglocken schweigen.

15

Die Jungfer Europa ist verlobt
Mit dem schönen Geniusse
Der Freiheit, sie liegen einander im Arm,
Sie schwelgen im ersten Kusse.

20

|283| Und fehlt der Pfaffenseegen dabei,
Die Ehe wird gültig nicht minder –
Es lebe Bräutigam und Braut,
Und ihre zukünftigen Kinder!

25

Ein Hochzeitkarmen ist mein Lied,
Das bessere, das neue!
In meiner Seele gehen auf
Die Sterne der höchsten Weihe –

Begeisterte Sterne, sie lodern wild,
Zerfließen in Flammenbächen –
Ich fühle mich wunderbar erstarkt,
Ich könnte Eichen zerbrechen!

Seit ich auf deutsche Erde trat
Durchströmen mich Zaubersäfte –
Der Riese hat wieder die Mutter berührt,
Und es wuchsen ihm neu die Kräfte.

|284|

Caput II.

Während die Kleine von Himmelslust
Getrillert und musiciret,
Ward von den preußischen Douaniers
Mein Koffer visitiret.

Beschnüffelten Alles, kramten herum
In Hemden, Hosen, Schnupftüchern;
Sie suchten nach Spitzen, nach Bijouterien,
Auch nach verbotenen Büchern.

Ihr Thoren, die Ihr im Koffer sucht!
Hier werdet Ihr nichts entdecken!
Die Contrebande, die mit mir reist,
Die hab' ich im Kopfe stecken.

|285| Hier hab' ich Spitzen, die feiner sind
Als die von Brüssel und Mecheln,
Und pack' ich einst meine Spitzen aus,
Sie werden Euch sticheln und hecheln.

Im Kopfe trage ich Bijouterien,
Der Zukunft Krondiamanten,
Die Tempelkleinodien des neuen Gotts,
Des großen Unbekannten.

Und viele Bücher trag' ich im Kopf!
Ich darf es Euch versichern,
Mein Kopf ist ein zwitscherndes Vogelnest
Von konfiszirlichen Büchern.

Glaubt mir, in Satans Bibliothek
Kann es nicht schlimmere geben;
Sie sind gefährlicher noch als die
Von Hoffmann von Fallersleben! –

|286| Ein Passagier, der neben mir stand,
Bemerkte mir, ich hätte
Jetzt vor mir den preußischen Zollverein,
Die große Douanenkette.

„Der Zollverein" – bemerkte er –
„Wird unser Volksthum begründen,
Er wird das zersplitterte Vaterland
Zu einem Ganzen verbinden.

„Er giebt die äußere Einheit uns,
Die sogenannt materielle;
Die geistige Einheit giebt uns die Censur,
Die wahrhaft ideelle –

„Sie giebt die innere Einheit uns,
Die Einheit im Denken und Sinnen;
Ein einiges Deutschland thut uns Noth,
Einig nach Außen und Innen."

|287|

Caput III.

Zu Aachen, im alten Dome, liegt
Carolus Magnus begraben.
(Man muß ihn nicht verwechseln mit Carl
Mayer, der lebt in Schwaben.)

Ich möchte nicht todt und begraben seyn
Als Kaiser zu Aachen im Dome;
Weit lieber lebt' ich als kleinster Poet
Zu Stukkert am Neckarstrome.

Zu Aachen langweilen sich auf der Straß'
Die Hunde, sie flehn unterthänig:
Gieb uns einen Fußtritt, o Fremdling, das wird
Vielleicht uns zerstreuen ein wenig.

|288| Ich bin in diesem langweilgen Nest
Ein Stündchen herumgeschlendert.
Sah wieder preußisches Militär,
Hat sich nicht sehr verändert.

Es sind die grauen Mäntel noch,
Mit dem hohen, rothen Kragen –
(Das Roth bedeutet Franzosenblut,
Sang Körner in früheren Tagen.)

Noch immer das hölzern pedantische Volk,
Noch immer ein rechter Winkel
In jeder Bewegung, und im Gesicht
Der eingefrorene Dünkel.

5

Sie stelzen noch immer so steif herum,
So kerzengrade geschniegelt,
Als hätten sie verschluckt den Stock
Womit man sie einst geprügelt.

10

|289| Ja, ganz verschwand die Fuchtel nie,
Sie tragen sie jetzt im Innern;
Das trauliche Du wird immer noch
An das alte Er erinnern.

15

Der lange Schnurbart ist eigentlich nur
Des Zopfthums neuere Phase:
Der Zopf, der ehmals hinten hing,
Der hängt jetzt unter der Nase.

20

Nicht übel gefiel mir das neue Costum
Der Reuter, das muß ich loben,
Besonders die Pikkelhaube, den Helm,
Mit der stählernen Spitze nach oben.

25

Das ist so ritterthümlich und mahnt
An der Vorzeit holde Romantik,
An die Burgfrau Johanna von Montfaucon,
An den Freyherrn Fouquè, Uhland, Tieck.

|290| Das mahnt an das Mittelalter so schön,
An Edelknechte und Knappen,
Die in dem Herzen getragen die Treu
Und auf dem Hintern ein Wappen.

Das mahnt an Kreuzzug und Turney,
An Minne und frommes Dienen,
An die ungedruckte Glaubenszeit,
Wo noch keine Zeitung erschienen.

Ja, ja, der Helm gefällt mir, er zeugt
Vom allerhöchsten Witze!
Ein königlicher Einfall war's!
Es fehlt nicht die Pointe, die Spitze!

Nur fürcht' ich, wenn ein Gewitter entsteht,
Zieht leicht so eine Spitze
Herab auf Euer romantisches Haupt
Des Himmels modernste Blitze! – –

|291| Zu Aachen, auf dem Posthausschild,
Sah ich den Vogel wieder,
Der mir so tief verhaßt! Voll Gift
Schaute er auf mich nieder.

Du häßlicher Vogel, wirst du einst
Mir in die Hände fallen,
So rupfe ich dir die Federn aus
Und hacke dir ab die Krallen.

Du sollst mir dann, in luft'ger Höh,
Auf einer Stange sitzen,
Und ich rufe zum lustigen Schießen herbei
Die Rheinischen Vogelschützen.

Wer mir den Vogel herunterschießt,
Mit Zepter und Krone belehn' ich
Den wackern Mann! Wir blasen Tusch
Und rufen: es lebe der König!

|292|

CAPUT IV.

Zu Cöllen kam ich spät Abends an,
Da hörte ich rauschen den Rheinfluß,
Da fächelte mich schon deutsche Luft,
Da fühlt' ich ihren Einfluß –

Auf meinen Appetit. Ich aß
Dort Eierkuchen mit Schinken,
Und da er sehr gesalzen war
Mußt ich auch Rheinwein trinken.

Der Rheinwein glänzt noch immer wie Gold
Im grünen Römerglase,
Und trinkst du etwelche Schoppen zu viel,
So steigt er dir in die Nase.

|293| In die Nase steigt ein Prickeln so süß,
Man kann sich vor Wonne nicht lassen!
Es trieb mich hinaus in die dämmernde Nacht,
In die wiederhallenden Gassen.

Die steinernen Häuser schauten mich an,
Als wollten sie mir berichten
Legenden aus altverschollener Zeit,
Der heilgen Stadt Cöllen Geschichten.

Ja, hier hat einst die Clerisey
Ihr frommes Wesen getrieben,
Hier haben die Dunkelmänner geherrscht,
Die Ulrich von Hutten beschrieben.

Der Cancan des Mittelalters ward hier
Getanzt von Nonnen und Mönchen;
Hier schrieb Hochstraaten, der Menzel von Cölln,
Die giftgen Denunziaziönchen.

|294| Die Flamme des Scheiterhaufens hat hier
Bücher und Menschen verschlungen;
Die Glocken wurden geläutet dabei
Und Kyrie Eleison gesungen.

Dummheit und Bosheit buhlten hier
Gleich Hunden auf freier Gasse;
Die Enkelbrut erkennt man noch heut
An ihrem Glaubenshasse. –

Doch siehe! dort im Mondenschein
Den kolossalen Gesellen!
Er ragt verteufelt schwarz empor,
Das ist der Dom von Cöllen.

Er sollte des Geistes Bastille sein,
Und die listigen Römlinge dachten:
In diesem Riesenkerker wird
Die deutsche Vernunft verschmachten!

|295| Da kam der Luther, und er hat
Sein großes „Halt!" gesprochen –
Seit jenem Tage blieb der Bau
Des Domes unterbrochen.

5

Er ward nicht vollendet – und das ist gut.
Denn eben die Nichtvollendung
Macht ihn zum Denkmahl von Deutschlands Kraft
Und protestantischer Sendung.

10

Ihr armen Schelme vom Domverein,
Ihr wollt mit schwachen Händen
Fortsetzen das unterbrochene Werk,
Und die alte Zwingburg vollenden!

15

O thörichter Wahn! Vergebens wird
Geschüttelt der Klingelbeutel,
Gebettelt bei Ketzern und Juden sogar;
Ist alles fruchtlos und eitel.

20

|296| Vergebens wird der große Franz Lißt
Zum Besten des Doms musiziren,
Und ein talentvoller König wird
Vergebens deklamiren!

25

Er wird nicht vollendet, der Köllner Dom,
Obgleich die Narren in Schwaben
Zu seinem Fortbau ein ganzes Schiff
Voll Steine gesendet haben.

Er wird nicht vollendet, trotz allem Geschrey
Der Raben und der Eulen,
Die, alterthümlich gesinnt, so gern
In hohen Kirchthürmen weilen.

Ja, kommen wird die Zeit sogar
Wo man, statt ihn zu vollenden,
Die inneren Räume zu einem Stall
Für Pferde wird verwenden.

|297| „Und wird der Dom ein Pferdestall,
Was sollen wir dann beginnen
Mit den heil'gen drey Kön'gen, die da ruhn
Im Tabernakel da drinnen?"

So höre ich fragen. Doch brauchen wir uns
In unserer Zeit zu geniren?
Die heil'gen drey Kön'ge aus Morgenland,
Sie können wo anders logiren.

Folgt meinem Rath und steckt sie hinein
In jene drey Körbe von Eisen,
Die hoch zu Münster hängen am Thurm,
Der Sankt Lamberti geheißen.

Fehlt etwa einer vom Triumvirat,
So nehmt einen anderen Menschen,
Ersetzt den König des Morgenlands
Durch einen abendländschen. [1*]

|298|

Caput V.

Und als ich an die Rheinbrück kam,
Wohl an die Hafenschanze,
Da sah ich fließen den Vater Rhein
10   Im stillen Mondenglanze.

Sey mir gegrüßt, mein Vater Rhein,
Wie ist es mir ergangen?
Ich habe oft an dich gedacht,
15   Mit Sehnsucht und Verlangen.

So sprach ich, da hört' ich im Wasser tief
Gar seltsam grämliche Töne,
Wie Hüsteln eines alten Manns,
20   Ein Brümmeln und weiches Gestöhne:

Has not been to Germany for 13 years

|299| „Willkommen, mein Junge, das ist mir lieb,
Daß du mich nicht vergessen;
Seit dreizehn Jahren sah ich dich nicht,
25   Mir ging es schlecht unterdessen.

„Zu Biberich hab' ich Steine verschluckt,
Wahrhaftig sie schmeckten nicht lecker!
Doch schwerer liegen im Magen mir
30   Die Verse von Niklas Becker.

„Er hat mich besungen als ob ich noch
Die reinste Jungfer wäre,
Die sich von niemand rauben läßt
Das Kränzlein ihrer Ehre.

„Wenn ich es höre, das dumme Lied,
Dann möcht ich mir zerraufen
Den weißen Bart, ich möchte fürwahr
Mich in mir selbst ersaufen!

|300| „Daß ich keine reine Jungfer bin,
Die Franzosen wissen es besser,
Sie haben mit meinem Wasser so oft
Vermischt ihr Siegergewässer.

„Das dumme Lied und der dumme Kerl!
Er hat mich schmählich blamiret,
Gewissermaßen hat er mich auch
Politisch kompromittiret.

„Denn kehren jetzt die Franzosen zurück,
So muß ich vor ihnen erröthen,
Ich, der um ihre Rückkehr so oft
Mit Thränen zum Himmel gebeten.

„Ich habe sie immer so lieb gehabt,
Die lieben kleinen Französchen –
Singen und springen sie noch wie sonst?
Tragen noch weiße Höschen?

|301| „Ich möchte sie gerne wiedersehn,
Doch fürcht' ich die Persifflage,
Von wegen des verwünschten Lieds,
Von wegen der Blamage.

5

„Der Alphred de Müsset, der Gassenbub,
Der kommt an ihrer Spitze
Vielleicht als Tambour, und trommelt mir vor
All seine schlechten Witze."

10

So klagte der arme Vater Rhein,
Konnt sich nicht zufrieden geben.
Ich sprach zu ihm manch tröstendes Wort,
Um ihm das Herz zu heben:

15

O, fürchte nicht, mein Vater Rhein,
Den spöttelnden Scherz der Franzosen;
Sie sind die alten Franzosen nicht mehr,
Auch tragen sie andere Hosen.

20

|302| Die Hosen sind roth und nicht mehr weiß,
Sie haben auch andere Knöpfe,
Sie singen nicht mehr, sie springen nicht mehr,
Sie senken nachdenklich die Köpfe.

25

Sie philosophiren und sprechen jetzt
Von Kant, von Fischte und Hegel,
Sie rauchen Tabak, sie trinken Bier,
Und manche schieben auch Kegel.

Sie werden Philister ganz wie wir
Und treiben es endlich noch ärger;
Sie sind keine Voltairianer mehr,
Sie werden Hengstenberger.

Der Alphred de Müsset, das ist wahr,
Ist noch ein Gassenjunge;
Doch fürchte nichts, wir fesseln ihm
Die schändliche Spötterzunge.

|303| Und trommelt er dir einen schlechten Witz,
So pfeifen wir ihm einen schlimmern,
Wir pfeifen ihm vor was ihm passirt
Bei schönen Frauenzimmern.

Gieb dich zufrieden, Vater Rhein,
Denk' nicht an schlechte Lieder,
Ein besseres Lied vernimmst du bald –
Leb wohl, wir sehen uns wieder.

|304|

Caput VI.

Den Paganini begleitete stets
Ein Spiritus Familiaris,
Manchmal als Hund, manchmal in Gestalt
Des seligen Georg Harris.

Napoleon sah einen rothen Mann,
Vor jedem wicht'gen Ereigniß.
Sokrates hatte seinen Dämon,
Das war kein Hirnerzeugniß.

Ich selbst, wenn ich am Schreibtisch saß
Des Nachts, hab ich gesehen
Zuweilen einen vermummten Gast
Unheimlich hinter mir stehen.

|305| Unter dem Mantel hielt er etwas
Verborgen, das seltsam blinkte
Wenn es zum Vorschein kam, und ein Beil,
Ein Richtbeil, zu seyn mir dünkte.

Er schien von untersetzter Statur,
Die Augen wie zwey Sterne;
Er störte mich im Schreiben nie,
Blieb ruhig stehn in der Ferne.

Seit Jahren hatte ich nicht gesehn
Den sonderbaren Gesellen,
Da fand ich ihn plötzlich wieder hier
In der stillen Mondnacht zu Cöllen.

Ich schlenderte sinnend die Straßen entlang,
Da sah ich ihn hinter mir gehen,
Als ob er mein Schatten wäre, und stand
Ich still, so blieb er stehen.

|306| Blieb stehen, als wartete er auf was,
Und förderte ich die Schritte,
Dann folgte er wieder. So kamen wir
Bis auf des Domplatz Mitte.

Es ward mir unleidlich, ich drehte mich um
Und sprach: Jetzt steh' mir Rede,
Was folgst du mir auf Weg und Steg,
Hier in der nächtlichen Oede?

Ich treffe dich immer in der Stund,
Wo Weltgefühle sprießen
In meiner Brust und durch das Hirn
Die Geistesblitze schießen.

Du siehst mich an so stier und fest –
Steh' Rede: was verhüllst du
Hier unter dem Mantel, das heimlich blinkt?
Wer bist du und was willst du?

|307| Doch jener erwiederte trockenen Tons,
Sogar ein bischen phlegmatisch:
„Ich bitte dich, exorzire mich nicht,
Und werde nur nicht emphatisch!

„Ich bin kein Gespenst der Vergangenheit,
Kein grabentstiegener Strohwisch,
Und von Rhetorik bin ich kein Freund,
Bin auch nicht sehr philosophisch.

„Ich bin von praktischer Natur,
Und immer schweigsam und ruhig.
Doch wisse: was du ersonnen im Geist',
Das führ' ich aus, das thu' ich.

„Und gehn auch Jahre drüber hin,
Ich raste nicht, bis ich verwandl
In Wirklichkeit was du gedacht;
Du denkst, und ich, ich handle.

|308| „Du bist der Richter, der Büttel bin ich,
Und mit dem Gehorsam des Knechtes
Vollstreck' ich das Urtheil, das du gefällt,
Und sey es ein ungerechtes.

„Dem Consul trug man ein Beil voran,
Zu Rom, in alten Tagen.
Auch du hast deinen Liktor, doch wird
Das Beil dir nachgetragen.

„Ich bin dein Liktor, und ich geh'
Beständig mit dem blanken
Richtbeile hinter dir – ich bin
Die That von deinem Gedanken."

|309|

Caput VII.

Ich ging nach Haus und schlief als ob
Die Engel gewiegt mich hätten.
Man ruht in deutschen Betten so weich,
Denn das sind Federbetten.

Wie sehnt' ich mich oft nach der Süßigkeit
Des vaterländischen Pfühles,
Wenn ich auf harten Matratzen lag,
In der schlaflosen Nacht des Exiles!

Man schläft sehr gut und träumt auch gut
In unseren Federbetten.
Hier fühlt die deutsche Seele sich frey
Von allen Erdenketten.

|310| Sie fühlt sich frey und schwingt sich empor
Zu den höchsten Himmelsräumen.
O deutsche Seele, wie stolz ist dein Flug
In deinen nächtlichen Träumen!

Die Götter erbleichen wenn du nah'st!
Du hast auf deinen Wegen
Gar manches Sternlein ausgeputzt
Mit deinen Flügelschlägen!

Franzosen und Russen gehört das Land,
Das Meer gehört den Britten,
Wir aber besitzen im Luftreich' des Traums
Die Herrschaft unbestritten.

Hier üben wir die Hegemonie,
Hier sind wir unzerstückelt;
Die andern Völker haben sich
Auf platter Erde entwickelt. – –

|311| Und als ich einschlief, da träumte mir,
Ich schlenderte wieder im hellen
Mondschein die hallenden Straßen entlang,
In dem alterthümlichen Cöllen.

Und hinter mir ging wieder einher
Mein schwarzer, vermummter Begleiter.
Ich war so müde, mir brachen die Knie,
Doch immer gingen wir weiter.

Wir gingen weiter. Mein Herz in der Brust
War klaffend aufgeschnitten,
Und aus der Herzenswunde hervor
Die rothen Tropfen glitten.

Ich tauchte manchmal die Finger hinein,
Und manchmal ist es geschehen,
Daß ich die Hausthürpfosten bestrich
Mit dem Blut im Vorübergehen.

|312| Und jedesmal wenn ich ein Haus
Bezeichnet in solcher Weise,
Ein Sterbeglöckchen erscholl fernher,
Wehmüthig wimmernd und leise.

5

Am Himmel aber erblich der Mond,
Er wurde immer trüber;
Gleich schwarzen Rossen jagten an ihm
Die wilden Wolken vorüber.

10

Und immer ging hinter mir einher
Mit seinem verborgenen Beile
Die dunkle Gestalt – so wanderten wir
Wohl eine gute Weile.

15

Wir gehen und gehen, bis wir zuletzt
Wieder zum Domplatz gelangen;
Weit offen standen die Pforten dort,
Wir sind hineingegangen.

20

|313| Es herrschte im ungeheuren Raum
Nur Tod und Nacht und Schweigen;
Es brannten Ampeln hie und da,
Um die Dunkelheit recht zu zeigen.

25

Ich wandelte lange den Pfeilern entlang
Und hörte nur die Tritte
Von meinem Begleiter, er folgte mir
Auch hier bey jedem Schritte.

Wir kamen endlich zu einem Ort,
Wo funkelnde Kerzenhelle
Und blitzendes Gold und Edelstein;
Das war die Drey-Königs-Kapelle.

Die heil'gen drey Könige jedoch,
Die sonst so still dort lagen,
O Wunder! sie saßen aufrecht jetzt
Auf ihren Sarkophagen.

|314| Drey Todtengerippe, phantastisch geputzt,
Mit Kronen auf den elenden
Vergilbten Schädeln, sie trugen auch
Das Zepter in knöchernen Händen.

Wie Hampelmänner bewegten sie
Die längstverstorbenen Knochen;
Die haben nach Moder und zugleich
Nach Weihrauchduft gerochen.

Der Eine bewegte sogar den Mund
Und hielt eine Rede, sehr lange;
Er setzte mir auseinander warum
Er meinen Respekt verlange.

Zuerst weil er ein Todter sey,
Und zweitens weil er ein König,
Und drittens weil er ein Heil'ger sey, –
Das alles rührte mich wenig.

|315| Ich gab ihm zur Antwort lachenden Muths:
Vergebens ist deine Bemühung!
Ich sehe, daß du der Vergangenheit
Gehörst in jeder Beziehung.

Fort! fort von hier! im tiefen Grab,
Ist Eure natürliche Stelle.
Das Leben nimmt jetzt in Beschlag
Die Schätze dieser Kapelle.

Der Zukunft fröhliche Cavallerie
Soll hier im Dome hausen.
Und weicht Ihr nicht willig, so brauch ich Gewalt,
Und laß' Euch mit Kolben lausen!

So sprach ich und ich drehte mich um,
Da sah ich furchtbar blinken
Des stummen Begleiters furchtbares Beil –
Und er verstand mein Winken.

|316| Er nahte sich, und mit dem Beil
Zerschmetterte er die armen
Skelette des Aberglaubens, er schlug
Sie nieder ohn' Erbarmen.

Es dröhnte der Hiebe Wiederhall
Aus allen Gewölben, entsetzlich, –
Blutströme schossen aus meiner Brust,
Und ich erwachte plötzlich.

|317|

Caput VIII.

Von Cöllen bis Hagen kostet die Post
Fünf Thaler sechs Groschen Preußisch.
Die Diligence war leider besetzt
Und ich kam in die offene Beyschais'.

Ein Spätherbstmorgen, feucht und grau,
Im Schlamme keuchte der Wagen;
Doch trotz des schlechten Wetters und Wegs
Durchströmte mich süßes Behagen.

Das ist ja meine Heimathluft!
Die glühende Wange empfand es!
Und dieser Landstraßenkoth, er ist
Der Dreck meines Vaterlandes!

|318| Die Pferde wedelten mit dem Schwanz
So traulich wie alte Bekannte,
Und ihre Mistküchlein dünkten mir schön
Wie die Aepfel der Atalante!

Wir fuhren durch Mühlheim. Die Stadt ist nett,
Die Menschen still und fleißig.
War dort zuletzt im Monat May
Des Jahres Ein und dreyzig.

Damals stand alles im Blüthenschmuck
Und die Sonnenlichter lachten,
Die Vögel sangen sehnsuchtvoll,
Und die Menschen hofften und dachten –

Sie dachten: „Die magere Ritterschaft
Wird bald von hinnen reisen,
Und der Abschiedstrunk wird ihnen kredenzt
Aus langen Flaschen von Eisen!

|319| „Und die Freiheit kommt mit Spiel und Tanz,
Mit der Fahne, der weiß-blau-rothen;
Vielleicht holt sie sogar aus dem Grab
Den Bonaparte, den Todten!"

Ach Gott! die Ritter sind immer noch hier,
Und manche dieser Gäuche,
Die spindeldürre gekommen in's Land,
Die haben jetzt dicke Bäuche.

Die blassen Canaillen, die ausgesehn
Wie Liebe, Glauben und Hoffen,
Sie haben seitdem in unserm Wein
Sich rothe Nasen gesoffen – – –

Und die Freiheit hat sich den Fuß verrenkt,
Kann nicht mehr springen und stürmen;
Die Trikolore in Paris
Schaut traurig herab von den Thürmen.

|320| Der Kaiser ist auferstanden seitdem,
Doch die englischen Würmer haben
Aus ihm einen stillen Mann gemacht,
Und er ließ sich wieder begraben.

Hab' selber sein Leichenbegängniß gesehn,
Ich sah den goldenen Wagen
Und die goldenen Siegesgöttinnen drauf,
Die den goldenen Sarg getragen.

Den Elisäischen Feldern entlang,
Durch des Triumphes Bogen,
Wohl durch den Nebel, wohl über den Schnee,
Kam langsam der Zug gezogen.

Mißtönend schauerlich war die Musik.
Die Musikanten starrten
Vor Kälte. Wehmüthig grüßten mich
Die Adler der Standarten.

|321| Die Menschen schauten so geisterhaft
In alter Erinn'rung verloren –
Der imperiale Mährchentraum
War wieder herauf beschworen.

Ich weinte an jenem Tag. Mir sind
Die Thränen in's Auge gekommen,
Als ich den verschollenen Liebesruf,
Das *Vive l'Empereur!* vernommen.

|322|

Caput IX.

Von Cöllen war ich drei Viertel auf Acht
Des Morgens fortgereiset;
Wir kamen nach Hagen schon gegen Drey,
Da wird zu Mittag gespeiset.

Der Tisch war gedeckt. Hier fand ich ganz
Die altgermanische Küche.
Sey mir gegrüßt, mein Sauerkraut,
Holdselig sind deine Gerüche!

Gestofte Kastanien im grünen Kohl!
So aß ich sie einst bei der Mutter!
Ihr heimischen Stockfische seid mir gegrüßt!
Wie schwimmt Ihr klug in der Butter!

|323| Jedwedem fühlenden Herzen bleibt
Das Vaterland ewig theuer –
Ich liebe auch recht braun geschmort
Die Bücklinge und Eyer.

Wie jauchzten die Würste im spritzelnden Fett!
Die Krammetsvögel, die frommen
Gebratenen Englein mit Apfelmuß,
Sie zwitscherten mir: Willkommen!

Willkommen, Landsmann, – zwitscherten sie –
Bist lange ausgeblieben,
Hast dich mit fremdem Gevögel so lang
In der Fremde herumgetrieben!

Es stand auf dem Tische eine Gans,
Ein stilles, gemüthliches Wesen.
Sie hat vielleicht mich einst geliebt,
Als wir beide noch jung gewesen.

|324| Sie blickte mich an so bedeutungsvoll,
So innig, so treu, so wehe!
Besaß eine schöne Seele gewiß,
Doch war das Fleisch sehr zähe.

Auch einen Schweinskopf trug man auf
In einer zinnernen Schüssel;
Noch immer schmückt man den Schweinen bei uns
Mit Lorbeerblättern den Rüssel.

|325|

Caput X.

Dicht hinter Hagen ward es Nacht,
Und ich fühlte in den Gedärmen
Ein seltsames Frösteln. Ich konnte mich erst
Zu Unna, im Wirthshaus, erwärmen.

Ein hübsches Mädchen fand ich dort,
Die schenkte mir freundlich den Punsch ein;
Wie gelbe Seide das Lockenhaar,
Die Augen sanft wie Mondschein.

Den lispelnd westphälischen Accent
Vernahm ich mit Wollust wieder.
Viel süße Erinnerung dampfte der Punsch,
Ich dachte der lieben Brüder,

|326| Der lieben Westphalen womit ich so oft
In Göttingen getrunken,
Bis wir gerührt einander an's Herz
Und unter die Tische gesunken!

Ich habe sie immer so lieb gehabt,
Die lieben, guten Westphalen,
Ein Volk so fest, so sicher, so treu,
Ganz ohne Gleißen und Prahlen.

Wie standen sie prächtig auf der Mensur,
Mit ihren Löwenherzen!
Es fielen so grade, so ehrlich gemeint,
Die Quarten und die Terzen.

Sie fechten gut, sie trinken gut,
Und wenn sie die Hand dir reichen,
Zum Freundschaftsbündniß, dann weinen sie;
Sind sentimentale Eichen.

|327| Der Himmel erhalte dich, wackres Volk,
Er segne deine Saaten,
Bewahre dich vor Krieg und Ruhm,
Vor Helden und Heldenthaten.

Er schenke deinen Söhnen stets
Ein sehr gelindes Examen,
Und deine Töchter bringe er hübsch
Unter die Haube – Amen!

|328|

CAPUT XI.

Das ist der Teutoburger Wald,
Den Tacitus beschrieben,
Das ist der klassische Morast,
Wo Varus stecken geblieben.

Hier schlug ihn der Cheruskerfürst,
Der Hermann, der edle Recke;
Die deutsche Nationalität,
Die siegte in diesem Drecke.

Wenn Hermann nicht die Schlacht gewann,
Mit seinen blonden Horden,
So gäb' es deutsche Freiheit nicht mehr,
Wir wären römisch geworden!

|329| In unserem Vaterland herrschten jetzt
Nur römische Sprache und Sitten,
Vestalen gäb' es in München sogar,
Die Schwaben hießen Quiriten!

Der Hengstenberg wär' ein Harusper [Haruspex]
Und grübelte in den Gedärmen
Von Ochsen. Neander wär' ein Augur,
Und schaute nach Vögelschwärmen.

Birch-Pfeifer söffe Terpentin,
Wie einst die römischen Damen.
(Man sagt, daß sie dadurch den Urin
Besonders wohlriechend bekamen.)

Der Raumer wäre kein deutscher Lump,
Er wäre ein röm'scher Lumpazius.
Der Freiligrath dichtete ohne Reim,
Wie weiland Flaccus Horazius.

|330| Der grobe Bettler, Vater Jahn,
Der hieße jetzt Grobianus.
Me hercule! Maßmann spräche Latein,
Der Marcus Tullius Maßmanus!

Die Wahrheitsfreunde würden jetzt
Mit Löwen, Hyänen, Schakalen,
Sich raufen in der Arena, anstatt
Mit Hunden in kleinen Journalen.

Wir hätten Einen Nero jetzt
Statt Landesväter drey Dutzend.
Wir schnitten uns die Adern auf,
Den Schergen der Knechtschaft trutzend.

Der Schelling wär' ganz ein Seneka,
Und käme in solchem Conflikt um.
Zu uns'rem Cornelius sagten wir:
Kakatum non est piktum.

|331| Gottlob! Der Hermann gewann die Schlacht,
Die Römer wurden vertrieben,
Varus mit seinen Legionen erlag,
Und wir sind Deutsche geblieben!

Wir blieben deutsch, wir sprechen deutsch,
Wie wir es gesprochen haben;
Der Esel heißt Esel, nicht *asinus,*
Die Schwaben blieben Schwaben.

Der Raumer blieb ein deutscher Lump
In unserm deutschen Norden.
In Reimen dichtet Freiligrath,
Ist kein Horaz geworden.

Gottlob, der Maßman spricht kein Latein,
Birch-Pfeifer schreibt nur Dramen,
Und säuft nicht schnöden Terpentin,
Wie Roms galante Damen.

|332| O Hermann, dir verdanken wir das!
Drum wird dir, wie sich gebühret,
Zu Dettmoldt ein Monument gesetzt;
Hab' selber subskribiret.

|333|

Caput XII.

Im nächtlichen Walde humpelt dahin
Die Chaise. Da kracht es plötzlich –
Ein Rad ging los. Wir halten still.
Das ist nicht sehr ergötzlich.

Der Postillon steigt ab und eilt
In's Dorf, und ich verweile
Um Mitternacht allein im Wald.
Ringsum ertönt ein Geheule.

Das sind die Wölfe, die heulen so wild,
Mit ausgehungerten Stimmen.
Wie Lichter in der Dunkelheit
Die feurigen Augen glimmen.

|334| Sie hörten von meiner Ankunft gewiß,
Die Bestien, und mir zu Ehre
Illuminirten sie den Wald,
Und singen sie ihre Chöre.

Das ist ein Ständchen, ich merke es jetzt,
Ich soll gefeyert werden!
Ich warf mich gleich in Positur
Und sprach mit gerührten Gebehrden:

„Mitwölfe! Ich bin glücklich heut
In Eurer Mitte zu weilen,
Wo so viel edle Gemüther mir
Mit Liebe entgegenheulen.

5

„Was ich in diesem Augenblick
Empfinde, ist unermeßlich;
Ach! diese schöne Stunde bleibt
Mir ewig unvergeßlich.

10

|335| „Ich danke Euch für das Vertraun,
Womit Ihr mich beehret,
Und das Ihr in jeder Prüfungszeit
Durch treue Beweise bewähret.

15

„Mitwölfe! Ihr zweifeltet nie an mir,
Ihr ließet Euch nicht fangen
Von Schelmen, die Euch gesagt, ich sey
Zu den Hunden übergegangen,

20

„Ich sey abtrünnig und werde bald
Hofrath in der Lämmerhürde –
Dergleichen zu widersprechen war
Ganz unter meiner Würde.

25

„Der Schaafpelz, den ich umgehängt
Zuweilen, um mich zu wärmen,
Glaubt mir's, er brachte mich nie dahin
Für das Glück der Schaafe zu schwärmen.

|336| „Ich bin kein Schaaf, ich bin kein Hund,
Kein Hofrath und kein Schellfisch –
Ich bin ein Wolf geblieben, mein Herz
Und meine Zähne sind wölfisch.

„Ich bin ein Wolf und werde stets
Auch heulen mit den Wölfen –
Ja, zählt auf mich und helft Euch selbst,
Dann wird auch Gott Euch helfen!"

Das war die Rede, die ich hielt,
Ganz ohne Vorbereitung;
Verstümmelt hat Kolb sie abgedruckt
In der Allgemeinen Zeitung.

|337|

Caput XIII.

Die Sonne ging auf bey Paderborn,
Mit sehr verdross'ner Gebehrde.
Sie treibt in der That ein verdrießlich Geschäft –
Beleuchten die dumme Erde!

Hat sie die eine Seite erhellt,
Und bringt sie mit strahlender Eile
Der andern ihr Licht, so verdunkelt schon
Sich jene mittlerweile.

Der Stein entrollt dem Sysiphus,
Der Danaiden Tonne
Wird nie gefüllt, und den Erdenball
Beleuchtet vergeblich die Sonne! – –

|338| Und als der Morgennebel zerrann,
Da sah ich am Wege ragen,
Im Frührothschein, das Bild des Mann's,
Der an das Kreuz geschlagen.

Mit Wehmuth erfüllt mich jedesmahl
Dein Anblick, mein armer Vetter,
Der du die Welt erlösen gewollt,
Du Narr, du Menschheitsretter!

Sie haben dir übel mitgespielt,
Die Herren vom hohen Rathe.
Wer hieß dich auch reden so rücksichtslos
Von der Kirche und vom Staate!

Zu deinem Malheur war die Buchdruckerey
Noch nicht in jenen Tagen
Erfunden; Du hättest geschrieben ein Buch
Ueber die Himmelsfragen.

|339| Der Censor hätte gestrichen darin
Was etwa anzüglich auf Erden,
Und liebend bewahrte dich die Censur
Vor dem Gekreuzigtwerden.

Ach! hättest du nur einen andern Text
Zu deiner Bergpredigt genommen,
Besaßest ja Geist und Talent genug,
Und konntest schonen die Frommen!

Geldwechsler, Banquièrs, hast du sogar
Mit der Peitsche gejagt aus dem Tempel –
Unglücklicher Schwärmer, jetzt hängst du am Kreuz
Als warnendes Exempel!

|340|

CAPUT XIV.

Ein feuchter Wind, ein kahles Land,
Die Chaise wackelt im Schlamme,
Doch singt es und klingt es in meinem Gemüth:
Sonne, du klagende Flamme!

Das ist der Schlußreim des alten Lieds,
Das oft meine Amme gesungen –
„Sonne, du klagende Flamme!" das hat
Wie Waldhornruf geklungen.

Es kommt im Lied ein Mörder vor,
[D]er lebt' in Lust und Freude;
Man findet ihn endlich im Walde gehenkt,
An einer grauen Weide.

|341| Des Mörders Todesurtheil war
Genagelt am Weidenstamme;
Das haben die Rächer der Vehme gethan –
Sonne, du klagende Flamme!

Die Sonne war Kläger, sie hatte bewirkt,
Daß man den Mörder verdamme.
Otilie hatte sterbend geschrien:
Sonne, du klagende Flamme!

Und denk ich des Liedes, so denk' ich auch
Der Amme, der lieben Alten;
Ich sehe wieder ihr braunes Gesicht,
Mit allen Runzeln und Falten.

Sie war geboren im Münsterland,
Und wußte, in großer Menge,
Gespenstergeschichten, grausenhaft,
Und Mährchen und Volksgesänge.

|342| Wie pochte mein Herz, wenn die alte Frau
Von der Königstochter erzählte,
Die einsam auf der Heide saß
Und die goldnen Haare strählte.

Die Gänse mußte sie hüten dort
Als Gänsemagd, und trieb sie
Am Abend die Gänse wieder durch's Thor,
Gar traurig stehen blieb sie.

Denn angenagelt über dem Thor
Sah sie ein Roßhaupt ragen,
Das war der Kopf des armen Pferds,
Das sie in die Fremde getragen.

Die Königstochter seufzte tief:
O, Falada, daß du hangest!
Der Pferdekopf herunter rief:
O wehe! daß du gangest!

|343| Die Königstochter seufzte tief:
Wenn das meine Mutter wüßte!
Der Pferdekopf herunter rief:
Ihr Herze brechen müßte!

Mit stockendem Athem horchte ich hin,
Wenn die Alte ernster und leiser
Zu sprechen begann und vom Rothbart sprach,
Von unserem heimlichen Kaiser.

Sie hat mir versichert, er sey nicht todt,
Wie da glauben die Gelehrten,
Er hause versteckt in einem Berg
Mit seinen Waffengefährten.

Kiffhäuser ist der Berg genannt,
Und drinnen ist eine Höhle;
Die Ampeln erhellen so geisterhaft
Die hochgewölbten Säale.

|344| Ein Marstall ist der erste Saal,
Und dorten kann man sehen
Viel tausend Pferde, blankgeschirrt,
Die an den Krippen stehen.

Sie sind gesattelt und gezäumt,
Jedoch von diesen Rossen
Kein einziges wiehert, kein einziges stampft,
Sind still, wie aus Eisen gegossen.

Im zweiten Saale, auf der Streu,
Sieht man Soldaten liegen,
Viel tausend Soldaten, bärtiges Volk,
Mit kriegerisch trotzigen Zügen.

Sie sind gerüstet von Kopf bis Fuß,
Doch alle diese Braven,
Sie rühren sich nicht, bewegen sich nicht,
Sie liegen fest und schlafen.

|345| Hochaufgestapelt im dritten Saal
Sind Schwerter, Streitäxte, Speere,
Harnische, Helme, von Silber und Stahl,
Altfränkische Feuergewehre.

Sehr wenig Kanonen, jedoch genug
Um eine Trophee zu bilden.
Hoch ragt daraus eine Fahne hervor,
Die Farbe ist schwarz-roth-gülden.

Der Kaiser bewohnt den vierten Saal.
Schon seit Jahrhunderten sitzt er
Auf steinernem Stuhl, am steinernen Tisch,
Das Haupt auf den Armen stützt er.

Sein Bart, der bis zur Erde wuchs,
Ist roth wie Feuerflammen,
Zuweilen zwinkert er mit dem Aug',
Zieht manchmal die Braunen zusammen.

|346| Schläft er oder denkt er nach?
Man kann's nicht genau ermitteln;
Doch wenn die rechte Stunde kommt,
Wird er gewaltig sich rütteln.

Die gute Fahne ergreift er dann
Und ruft: zu Pferd'! zu Pferde!
Sein reisiges Volk erwacht und springt
Lautrasselnd empor von der Erde.

Ein jeder schwingt sich auf sein Roß,
Das wiehert und stampft mit den Hufen!
Sie reiten hinaus in die klirrende Welt,
Und die Trompeten rufen.

Sie reiten gut, sie schlagen gut,
Sie haben ausgeschlafen.
Der Kaiser hält ein strenges Gericht,
Er will die Mörder bestrafen –

|347| Die Mörder, die gemeuchelt einst
Die theure, wundersame,
Goldlockigte Jungfrau Germania –
Sonne, du klagende Flamme!

Wohl mancher, der sich geborgen geglaubt,
Und lachend auf seinem Schloß saß,
Er wird nicht entgehen dem rächenden Strang,
Dem Zorne Barbarossas! – – –

Wie klingen sie lieblich, wie klingen sie süß,
Die Mährchen der alten Amme!
Mein abergläubisches Herze jauchzt:
Sonne, du klagende Flamme!

|348|

Caput XV.

Ein feiner Regen prickelt herab,
Eiskalt, wie Nähnadelspitzen.
Die Pferde bewegen traurig den Schwanz,
Sie waten im Koth und schwitzen.

Der Postillon stößt in sein Horn,
Ich kenne das alte Getute –
„Es reiten drey Reiter zum Thor hinaus!" –
Es wird mir so dämmrig zu Muthe.

Mich schläferte und ich entschlief,
Und siehe! mir träumte am Ende,
Daß ich mich in dem Wunderberg
Beim Kaiser Rothbart befände.

|349| Er saß nicht mehr auf steinernem Stuhl,
Am steinernen Tisch, wie ein Steinbild;
Auch sah er nicht so ehrwürdig aus,
Wie man sich gewöhnlich einbild't.

Er watschelte durch die Sääle herum
Mit mir im trauten Geschwätze.
Er zeigte wie ein Antiquar
Mir seine Curiosa und Schätze.

Im Saale der Waffen erklärte er mir
Wie man sich der Kolben bediene,
Von einigen Schwertern rieb er den Rost
Mit seinem Hermeline.

Er nahm einen Pfauenwedel zur Hand,
Und reinigte vom Staube
Gar manchen Harnisch, gar manchen Helm,
Auch manche Pickelhaube.

|350| Die Fahne stäubte er gleichfalls ab,
Und er sprach: „mein größter Stolz ist,
Daß noch keine Motte die Seide zerfraß,
Und auch kein Wurm im Holz ist."

Und als wir kamen in den Saal,
Wo schlafend am Boden liegen
Viel tausend Krieger, kampfbereit,
Der Alte sprach mit Vergnügen:

„Hier müssen wir leiser reden und gehn,
Damit wir nicht wecken die Leute;
Wieder verflossen sind hundert Jahr
Und Löhnungstag ist heute."

Und siehe! der Kaiser nahte sich sacht
Den schlafenden Soldaten,
Und steckte heimlich in die Tasch'
Jedwedem einen Dukaten.

|351| Er sprach mit schmunzelndem Gesicht,
Als ich ihn ansah verwundert:
„Ich zahle einen Dukaten per Mann,
Als Sold, nach jedem Jahrhundert."

Im Saale wo die Pferde stehn
In langen, schweigenden Reihen,
Da rieb der Kaiser sich die Händ',
Schien sonderbar sich zu freuen.

Er zählte die Gäule, Stück vor Stück,
Und klätschelte ihnen die Rippen;
Er zählte und zählte, mit ängstlicher Hast
Bewegten sich seine Lippen.

„Das ist noch nicht die rechte Zahl" –
Sprach er zuletzt verdrossen –
„Soldaten und Waffen hab' ich genung,
Doch fehlt es noch an Rossen.

|352| „Roßkämme hab' ich ausgeschickt
In alle Welt, die kaufen
Für mich die besten Pferde ein,
Hab' schon einen guten Haufen.

„Ich warte bis die Zahl komplet,
Dann schlag' ich los und befreye
Mein Vaterland, mein deutsches Volk,
Das meiner harret mit Treue."

So sprach der Kaiser, ich aber rief:
Schlag' los, du alter Geselle,
Schlag' los, und hast du nicht Pferde genug,
Nimm Esel an ihrer Stelle.

Der Rothbart erwiederte lächelnd: „Es hat
Mit dem Schlagen gar keine Eile,
Man baute nicht Rom in einem Tag,
Gut Ding will haben Weile.

|353| „Wer heute nicht kommt, kommt morgen gewiß,
Nur langsam wächst die Eiche,
Und *chi va piano va sano,* so heißt
Das Sprüchwort im römischen Reiche."

|354|

Caput XVI.

Das Stoßen des Wagens weckte mich auf,
Doch sanken die Augenlieder [Augenlider]
Bald wieder zu, und ich entschlief
Und träumte vom Rothbart wieder.

Ging wieder schwatzend mit ihm herum
Durch alle die hallenden Sääle;
Er frug mich dies, er frug mich das,
Verlangte, daß ich erzähle.

Er hatte aus der Oberwelt
Seit vielen, vielen Jahren,
Wohl seit dem siebenjährigen Krieg,
Kein Sterbenswort erfahren.

|355| Er frug nach Moses Mendelssohn,
Nach der Karschin, mit Intresse
Frug er nach der Gräfin Dübarry,
Des fünfzehnten Ludwigs Maitresse.

O Kaiser, rief ich, wie bist du zurück!
Der Moses ist längst gestorben,
Nebst seiner Rebekka, auch Abraham,
Der Sohn, ist gestorben, verdorben.

Der Abraham hatte mit Lea erzeugt
Ein Bübchen, Felix heißt er,
Der brachte es weit im Christenthum,
Ist schon Capellenmeister.

Die alte Karschin ist gleichfalls todt,
Auch die Tochter ist todt, die Klenke;
Helmine Chesy, die Enkelin,
Ist noch am Leben, ich denke.

|356| Die Dübarry lebte lustig und flott,
So lange Ludwig regierte,
Der fünfzehnte nämlich, sie war schon alt
Als man sie guillotinirte.

Der König Ludwig der fünfzehnte starb
Ganz ruhig in seinem Bette,
Der sechszehnte aber ward guillotinirt
Mit der Königin Antoinette.

Die Königin zeigte großen Muth,
Ganz wie es sich gebührte,
Die Dübarry aber weinte und schrie
Als man sie guillotinirte. – –

Der Kaiser blieb plötzlich stille stehn,
Und sah mich an mit den stieren
Augen und sprach: „Um Gotteswill'n,
Was ist das, guillotiniren?"

|357| Das Guillotiniren – erklärte ich ihm –
Ist eine neue Methode,
Womit man die Leute jeglichen Stands
Vom Leben bringt zu Tode.

Bey dieser Methode bedient man sich
Auch einer neuen Maschine,
Die hat erfunden Herr Guillotin,
Drum nennt man sie Guillotine.

Du wirst hier an ein Brett geschnallt; –
Das senkt sich; – du wirst geschoben
Geschwinde zwischen zwey Pfosten; – es hängt
Ein dreyeckig Beil ganz oben; –

Man zieht eine Schnur, dann schießt herab
Das Beil, ganz lustig und munter; –
Bey dieser Gelegenheit fällt dein Kopf
In einen Sack hinunter.

|358| Der Kaiser fiel mir in die Red:
„Schweig still, von deiner Maschine
Will ich nichts wissen, Gott bewahr',
Daß ich mich ihrer bediene!

„Der König und die Königinn!
Geschnallt! an einem Brette!
Das ist ja gegen allen Respekt
Und alle Etiquette!

„Und du, wer bist du, daß du es wagst
Mich so vertraulich zu dutzen?
Warte, du Bürschchen, ich werde dir schon
Die kecken Flügel stutzen!

„Es regt mir die innerste Galle auf,
Wenn ich dich höre sprechen,
Dein Odem schon ist Hochverrath
Und Majestätsverbrechen!"

|359| Als solchermaßen in Eifer gerieth
Der Alte und sonder Schranken
Und Schonung mich anschnob, da platzten heraus
Auch mir die geheimsten Gedanken.

Herr Rothbart – rief ich laut – du bist
Ein altes Fabelwesen,
Geh', leg' dich schlafen, wir werden uns
Auch ohne dich erlösen.

Die Republikaner lachen uns aus,
Sehn sie an unserer Spitze
So ein Gespenst mit Zepter und Kron';
Sie rissen schlechte Witze.

Auch deine Fahne gefällt mir nicht mehr,
Die altdeutschen Narren verdarben
Mir schon in der Burschenschaft die Lust
An den schwarz-roth-goldnen Farben.

|360| Das Beste wäre du bliebest zu Haus,
Hier in dem alten Kiffhäuser –
Bedenk' ich die Sache ganz genau,
So brauchen wir gar keinen Kaiser.

|361|

Caput XVII.

Ich habe mich mit dem Kaiser gezankt
Im Traum, im Traum versteht sich, –
Im wachenden Zustand sprechen wir nicht
Mit Fürsten so widersetzig.

Nur träumend, im idealen Traum,
Wagt ihnen der Deutsche zu sagen
Die deutsche Meinung, die er so tief
Im treuen Herzen getragen.

Als ich erwacht' fuhr ich einem Wald
Vorbey, der Anblick der Bäume,
Der nackten hölzernen Wirklichkeit
Verscheuchte meine Träume.

|362| Die Eichen schüttelten ernsthaft das Haupt,
Die Birken und Birkenreiser
Sie nickten so warnend – und ich rief:
Vergieb mir, mein theurer Kaiser!

Vergieb mir, o Rothbart, das rasche Wort!
Ich weiß, du bist viel weiser
Als ich, ich habe so wenig Geduld –
Doch komme du bald, mein Kaiser!

Behagt dir das Guillotiniren nicht,
So bleib bey den alten Mitteln:
Das Schwert für Edelleute, der Strick
Für Bürger und Bauern in Kitteln.

Nur manchmal wechsle ab, und laß
Den Adel hängen, und köpfe
Ein bischen die Bürger und Bauern, wir sind
Ja alle Gottesgeschöpfe.

|363| Stell' wieder her das Halsgericht,
Das peinliche Carls des fünften,
Und theile wieder ein das Volk
Nach Ständen, Gilden und Zünften.

Das alte heilige römische Reich,
Stell's wieder her, das ganze,
Gieb uns den modrigsten Plunder zurück
Mit allem Firlifanze.

Das Mittelalter, immerhin,
Das wahre, wie es gewesen,
Ich will es ertragen – erlöse uns nur
Von jenem Zwitterwesen,

Von jenem Kamaschenritterthum,
Das ekelhaft ein Gemisch ist
Von gothischem Wahn und modernem Lug,
Das weder Fleisch noch Fisch ist.

|364| Jag' fort das Comödiantenpack,
Und schließe die Schauspielhäuser,
Wo man die Vorzeit parodirt –
Komme du bald, o Kaiser!

|365|

CAPUT XVIII.

Minden ist eine feste Burg,
Hat gute Wehr' und Waffen!
Mit preußischen Festungen hab' ich jedoch
Nicht gerne was zu schaffen.

Wir kamen dort an zur Abendzeit.
Die Planken der Zugbrück stöhnten
So schaurig, als wir hinübergerollt;
Die dunklen Gräben gähnten.

Die hohen Bastionen schauten mich an,
So drohend und verdrossen;
Das große Thor ging rasselnd auf,
Ward rasselnd wieder geschlossen.

|366| Ach! meine Seele ward betrübt
Wie des Odysseus Seele,
Als er gehört, daß Polyphem
Den Felsblock schob vor die Höhle.

Es trat an den Wagen ein Corporal
Und frug uns: wie wir hießen?
Ich heiße Niemand, bin Augenarzt
Und steche den Staar den Riesen.

Im Wirthshaus ward mir noch schlimmer zu Muth,
Das Essen wollt mir nicht schmecken.
Ging schlafen sogleich, doch schlief ich nicht,
Mich drückten so schwer die Decken.

Es war ein breites Federbett,
Gardinen von rothem Damaste,
Der Himmel von verblichenem Gold,
Mit einem schmutzigen Quaste.

|367| Verfluchter Quast! der die ganze Nacht
Die liebe Ruhe mir raubte!
Er hing mir, wie des Damokles Schwert,
So drohend über dem Haupte!

Schien manchmal ein Schlangenkopf zu seyn,
Und ich hörte ihn heimlich zischen:
Du bist und bleibst in der Festung jetzt,
Du kannst nicht mehr entwischen!

O, daß ich wäre – seufzte ich –
Daß ich zu Hause wäre,
Bey meiner lieben Frau in Paris,
Im Faubourg-Poissonière!

Ich fühlte, wie über die Stirne mir
Auch manchmal etwas gestrichen,
Gleich einer kalten Censorhand,
Und meine Gedanken wichen –

|368| Gensd'armen in Leichenlaken gehüllt,
Ein weißes Spukgewirre,
Umringte mein Bett, ich hörte auch
Unheimliches Kettengeklirre.

Ach! die Gespenster schleppten mich fort,
Und ich hab' mich endlich befunden
An einer steilen Felsenwand;
Dort war ich festgebunden.

Der böse schmutzige Betthimmelquast!
Ich fand ihn gleichfalls wieder,
Doch sah er jetzt wie ein Geyer aus,
Mit Krallen und schwarzem Gefieder.

Er glich dem preußischen [2*] Adler jetzt,
Und hielt meinen Leib umklammert;
Er fraß mir die Leber aus der Brust,
Ich habe gestöhnt und gejammert.

|369| Ich jammerte lange – da krähte der Hahn,
Und der Fiebertraum erblaßte.
Ich lag zu Minden im schwitzenden Bett,
Der Adler ward wieder zum Quaste.

Ich reiste fort mit Extrapost,
Und schöpfte freyen Odem
Erst draußen in der freien Natur,
Auf Bükkeburgschem Boden.

|370|

Caput XIX.

O, Danton, du hast dich sehr geirrt
Und mußtest den Irthum büßen!
Mitnehmen kann man das Vaterland
An den Sohlen, an den Füßen.

Das halbe Fürstenthum Bückeburg
Blieb mir an den Stiefeln kleben;
So lehmigte Wege habe ich wohl
Noch nie gesehen im Leben.

Zu Bückeburg stieg ich ab in der Stadt,
Um dort zu betrachten die Stammburg,
Wo mein Großvater geboren ward;
Die Großmutter war aus Hamburg.

|371| Ich kam nach Hannover um Mittagzeit,
Und ließ mir die Stiefel putzen.
Ich ging sogleich die Stadt zu besehn,
Ich reise gern mit Nutzen.

Mein Gott! da sieht es sauber aus!
Der Koth liegt nicht auf den Gassen.
Viel' Prachtgebäude sah ich dort,
Sehr imponirende Massen.

Besonders gefiel mir ein großer Platz,
Umgeben von stattlichen Häusern;
Dort wohnt der König, dort steht sein Palast,
Er ist von schönem Aeußern.

5

(Nämlich der Palast.) Vor dem Portal
Zu jeder Seite ein Schildhaus.
Rothröcke mit Flinten halten dort Wacht,
Sie sehen drohend und wild aus.

10

|372| Mein Cicerone sprach: „Hier wohnt
Der Ernst Augustus, ein alter,
Hochtoryscher Lord, ein Edelmann,
Sehr rüstig für sein Alter.

15

„Idyllisch sicher haust er hier,
Denn besser als alle Trabanten
Beschützet ihn der mangelnde Muth
Von unseren lieben Bekannten.

20

„Ich seh' ihn zuweilen, er klagt alsdann
Wie gar langweilig das Amt sey,
Das Königsamt, wozu er jetzt
Hier in Hannover verdammt sey.

25

„An großbritanisches Leben gewöhnt,
Sey es ihm hier zu enge,
Ihn plage der Spleen, er fürchte schier,
Er halt' es nicht aus auf die Länge.

|373| „Vorgestern fand ich ihn traurig gebückt
Am Camin, in der Morgenstunde;
Er kochte höchstselbst ein Lavement
Für seine kranken Hunde."

|374|

Caput XX.

Von Harburg fuhr ich in einer Stund'
Nach Hamburg. Es war schon Abend.
Die Sterne am Himmel grüßten mich,
Die Luft war lind und labend.

Und als ich zu meiner Frau Mutter kam,
Erschrak sie fast vor Freude;
Sie rief „mein liebes Kind!" und schlug
Zusammen die Hände beide.

„Mein liebes Kind, wohl dreyzehn Jahr
Verflossen unterdessen!
Du wirst gewiß sehr hungrig seyn –
Sag' an, was willst du essen?

|375| „Ich habe Fisch und Gänsefleisch
Und schöne Apfelsinen."
So gieb mir Fisch und Gänsefleisch
Und schöne Apfelsinen.

Und als ich aß mit großem Ap'tit,
Die Mutter ward glücklich und munter,
Sie frug wohl dies, sie frug wohl das,
Verfängliche Fragen mitunter.

„Mein liebes Kind! und wirst du auch
Recht sorgsam gepflegt in der Fremde?
Versteht deine Frau die Haushaltung,
Und flickt sie dir Strümpfe und Hemde?"

Der Fisch ist gut, lieb Mütterlein,
Doch muß man ihn schweigend verzehren;
Man kriegt so leicht eine Grät' in den Hals,
Du darfst mich jetzt nicht stören.

|376| Und als ich den braven Fisch verzehrt,
Die Gans ward aufgetragen.
Die Mutter frug wieder wohl dies, wohl das,
Mitunter verfängliche Fragen.

„Mein liebes Kind! in welchem Land
Läßt sich am besten leben?
Hier oder in Frankreich? und welchem Volk
Wirst du den Vorzug geben?"

Die deutsche Gans, lieb Mütterlein,
Ist gut, jedoch die Franzosen,
Sie stopfen die Gänse besser als wir,
Auch haben sie bessere Saucen. –

Und als die Gans sich wieder empfahl,
Da machten ihre Aufwartung
Die Apfelsinen, sie schmeckten so süß,
Ganz über alle Erwartung.

|377| Die Mutter aber fing wieder an
Zu fragen sehr vergnüglich,
Nach tausend Dingen, mitunter sogar
Nach Dingen die sehr anzüglich.

„Mein liebes Kind! wie denkst du jetzt?
Treibst du noch immer aus Neigung
Die Politik? Zu welcher Parthey
Gehörst du mit Ueberzeugung?"

Die Apfelsinen, lieb Mütterlein,
Sind gut, und mit wahrem Vergnügen
Verschlucke ich den süßen Saft,
Und ich lasse die Schaalen liegen.

|378|

Caput XXI.

Die Stadt, zur Hälfte abgebrannt,
Wird aufgebaut allmählig;
Wie'n Pudel, der halb geschoren ist,
Sieht Hamburg aus, trübselig.

Gar manche Gassen fehlen mir,
Die ich nur ungern vermisse –
Wo ist das Haus, wo ich geküßt
Der Liebe erste Küsse?

Wo ist die Druckerey, wo ich
Die Reisebilder druckte?
Wo ist der Austerkeller, wo ich
Die ersten Austern schluckte?

|379| Und der Dreckwall, wo ist der Dreckwall hin?
Ich kann ihn vergeblich suchen!
Wo ist der Pavillon, wo ich
Gegessen so manchen Kuchen?

Wo ist das Rathhaus, worin der Senat
Und die Bürgerschaft gethronet?
Ein Raub der Flammen! Die Flamme hat
Das Heiligste nicht verschonet.

Die Leute seufzten noch vor Angst,
Und mit wehmüth'gem Gesichte
Erzählten sie mir vom großen Brand
Die schreckliche Geschichte:

5

„Es brannte an allen Ecken zugleich,
Man sah nur Rauch und Flammen!
Die Kirchenthürme loderten auf
Und stürzten krachend zusammen.

10

|380| „Die alte Börse ist verbrannt,
Wo unsere Väter gewandelt,
Und mit einander Jahrhunderte lang
So redlich als möglich gehandelt.

15

„Die Bank, die silberne Seele der Stadt,
Und die Bücher wo eingeschrieben
Jedweden Mannes Banko-Werth,
Gottlob! sie sind uns geblieben!

20

„Gottlob! man kollektirte für uns
Selbst bei den fernsten Nazionen –
Ein gutes Geschäft – die Collekte betrug
Wohl an die acht Millionen.

25

„Aus allen Ländern floß das Geld
In unsre offnen Hände,
Auch Victualien nahmen wir an,
Verschmähten keine Spende.

|381| „Man schickte uns Kleider und Betten genug,
Auch Brod und Fleisch und Suppen!
Der König von Preußen wollte sogar
Uns schicken seine Truppen.

„Der materielle Schaden ward
Vergütet, das ließ sich schätzen –
Jedoch den Schrecken, unseren Schreck,
Den kann uns niemand ersetzen!"

Aufmunternd sprach ich: Ihr lieben Leut,
Ihr müßt nicht jammern und flennen,
Troya war eine bessere Stadt
Und mußte doch verbrennen.

Baut Eure Häuser wieder auf
Und trocknet Eure Pfützen,
Und schafft Euch bess're Gesetze an,
Und beß're Feuerspritzen.

|382| Gießt nicht zu viel Cajenne-Piment
In Eure Mokturtelsuppen,
Auch Eure Karpfen sind Euch nicht gesund,
Ihr kocht sie so fett mit den Schuppen.

Kalkuten schaden Euch nicht viel,
Doch hütet Euch vor der Tücke
Des Vogels, der sein Ey gelegt
In des Bürgermeisters Perücke. – –

Wer dieser fatale Vogel ist,
Ich brauch es Euch nicht zu sagen –
Denk' ich an ihn, so dreht sich herum
Das Essen in meinem Magen.

|383|

Caput XXII.

Noch mehr verändert als die Stadt
Sind mir die Menschen erschienen,
Sie geh'n so betrübt und gebrochen herum,
Wie wandelnde Ruinen.

Die mageren sind noch dünner jetzt,
Noch fetter sind die feisten,
Die Kinder sind alt, die Alten sind
Kindisch geworden, die meisten.

Gar manche, die ich als Kälber verließ,
Fand ich als Ochsen wieder;
Gar manches kleine Gänschen ward
Zur Gans mit stolzem Gefieder.

|384| Die alte Gudel fand ich geschminkt
Und geputzt wie eine Syrene;
Hat schwarze Locken sich angeschafft
Und blendend weiße Zähne.

Am besten hat sich konservirt
Mein Freund der Papierverkäufer;
Sein Haar ward gelb und umwallt sein Haupt,
Sieht aus wie Johannes der Täufer.

Den * * * * den sah ich nur von fern,
Er huschte mir rasch vorüber;
Ich höre, sein Geist ist abgebrannt
Und war versichert bey Biber.

Auch meinen alten Censor sah
Ich wieder. Im Nebel, gebücket,
Begegnet' er mir auf dem Gänsemarkt,
Schien sehr darnieder gedrücket.

|385| Wir schüttelten uns die Hände, es schwamm
Im Auge des Manns eine Thräne.
Wie freute er sich, mich wieder zu sehn!
Es war eine rührende Scene. –

Nicht alle fand ich. Mancher hat
Das Zeitliche gesegnet.
Ach! meinem Gumpelino sogar
Bin ich nicht mehr begegnet.

Der Edle hatte ausgehaucht
Die große Seele so eben,
Und wird als verklärter Seraph jetzt
Am Throne Jehovahs schweben.

Vergebens suchte ich überall
Den krummen Adonis, der Tassen
Und Nachtgeschirr von Porzelan
Feil bot in Hamburgs Gassen.

|386| Sarras, der treue Pudel, ist todt.
Ein großer Verlust! Ich wette,
Daß Campe lieber ein ganzes Schock
Schriftsteller verloren hätte. – –

Die Populazion des Hamburger Staats
Besteht, seit Menschengedenken,
Aus Juden und Christen; es pflegen auch
Die letztren nicht viel zu verschenken.

Die Christen sind alle ziemlich gut,
Auch essen sie gut zu Mittag,
Und ihre Wechsel bezahlen sie prompt,
Noch vor dem letzten Respittag.

Die Juden theilen sich wieder ein
In zwey verschiedne Partheyen;
Die Alten gehn in die Synagog'
Und in den Tempel die Neuen.

|387| Die Neuen essen Schweinefleisch,
Zeigen sich widersetzig,
Sind Demokraten; die Alten sind
Vielmehr aristokrätzig.

Ich liebe die Alten, ich liebe die Neu'n –
Doch schwör' ich, beim ewigen Gotte,
Ich liebe gewisse Fischchen noch mehr,
Man heißt sie geräucherte Sprotte.

|388|

Caput XXIII.

Als Republik war Hamburg nie
So groß wie Venedig und Florenz,
Doch Hamburg hat bessere Austern; man speist
Die besten im Keller von Lorenz.

Es war ein schöner Abend, als ich
Mich hinbegab mit Campen;
Wir wollten mit einander dort
In Rheinwein und Austern schlampampen.

Auch gute Gesellschaft fand ich dort,
Mit Freude sah ich wieder
Manch alten Genossen, z. B. Chaufepié,
Auch manche neue Brüder.

|389| Da war der Wille, dessen Gesicht
Ein Stammbuch, worin mit Hieben
Die akademischen Feinde sich
Recht leserlich eingeschrieben.

Da war der Fucks, ein blinder Heid,
Und persönlicher Feind des Jehovah,
Glaubt nur an Hegel und etwa noch
An die Venus des Canova.

Mein Campe war Amphytrio
Und lächelte vor Wonne;
Sein Auge stralte Seligkeit,
Wie eine verklärte Madonne.

Ich aß und trank, mit gutem Ap'tit,
Und dachte in meinem Gemüthe:
„Der Campe ist wirklich ein großer Mann,
Ist aller Verleger Blüthe.

|390| „Ein andrer Verleger hätte mich
Vielleicht verhungern lassen,
Der aber giebt mir zu trinken sogar;
Werde ihn niemals verlassen.

„Ich danke dem Schöpfer in der Höh',
Der diesen Saft der Reben
Erschuf, und zum Verleger mir
Den Julius Campe gegeben!

„Ich danke dem Schöpfer in der Höh',
Der, durch sein großes Werde,
Die Austern erschaffen in der See
Und den Rheinwein auf der Erde!

„Der auch Citronen wachsen ließ,
Die Austern zu bethauen –
Nun laß mich, Vater, diese Nacht
Das Essen gut verdauen!"

|391| Der Rheinwein stimmt mich immer weich,
Und löst jedwedes Zerwürfniß
In meiner Brust, entzündet darinn
Der Menschenliebe Bedürfniß.

Es treibt mich aus dem Zimmer hinaus,
Ich muß in den Straßen schlendern;
Die Seele sucht eine Seele und späh't
Nach zärtlich weißen Gewändern.

In solchen Momenten zerfließe ich fast
Vor Wehmuth und vor Sehnen;
Die Katzen scheinen mir alle grau,
Die Weiber alle Helenen. – – –

Und als ich auf die Drehbahn kam,
Da sah ich im Mondenschimmer
Ein hehres Weib, ein wunderbar
Hochbusiges Frauenzimmer.

|392| Ihr Antlitz war rund und kerngesund,
Die Augen wie blaue Turkoasen,
Die Wangen wie Rosen, wie Kirschen der Mund,
Auch etwas röthlich die Nase.

Ihr Haupt bedeckte eine Mütz'
Von weißem gesteiftem Linnen,
Gefältelt wie eine Mauerkron',
Mit Thürmchen und zackigen Zinnen.

Sie trug eine weiße Tunika,
Bis an die Waden reichend.
Und welche Waden! Das Fußgestell
Zwey dorischen Säulen gleichend.

Die weltlichste Natürlichkeit
Konnt man in den Zügen lesen;
Doch das übermenschliche Hintertheil
Verrieth ein höheres Wesen

|393| Sie trat zu mir heran und sprach:
„Willkommen an der Elbe,
Nach dreyzehnjähr'ger Abwesenheit –
Ich sehe du bist noch derselbe!

„Du suchst die schönen Seelen vielleicht,
Die dir so oft begegne't
Und mit dir geschwärmt die Nacht hindurch,
In dieser schönen Gegend.

„Das Leben verschlang sie, das Ungethüm,
Die hundertköpfige Hyder;
Du findest nicht die alte Zeit
Und die Zeitgenössinnen wieder!

„Du findest die holden Blumen nicht mehr,
Die das junge Herz vergöttert;
Hier blühten sie – jetzt sind sie verwelkt,
Und der Sturm hat sie entblättert.

|394| „Verwelkt, entblättert, zertreten sogar
Von rohen Schicksalsfüßen –
Mein Freund, das ist auf Erden das Loos
Von allem Schönen und Süßen!"

Wer bist du? – rief ich – du schaust mich an
Wie'n Traum aus alten Zeiten –
Wo wohnst du, großes Frauenbild?
Und darf ich dich begleiten?

Da lächelte das Weib und sprach:
„Du irrst dich, ich bin eine feine,
Anständ'ge, moralische Person;
Du irrst dich, ich bin nicht so Eine.

„Ich bin nicht so eine kleine Mamsell,
So eine welsche Lorettinn –
Denn wisse: ich bin Hammonia,
Hamburgs beschützende Göttinn!

|395| „Du stutzest und erschreckst sogar,
Du sonst so muthiger Sänger!
Willst du mich noch begleiten jetzt?
Wohlan, so zög're nicht länger."

Ich aber lachte laut und rief:
Ich folge auf der Stelle –
Schreit' du voran, ich folge dir,
Und ging' es in die Hölle!

|396|

Caput XXIV.

Wie ich die enge Sahltrepp' hinauf
Gekommen, ich kann es nicht sagen;
Es haben unsichtbare Geister mich
Vielleicht hinaufgetragen.

Hier, in Hammonias Kämmerlein,
Verflossen mir schnell die Stunden.
Die Göttinn gestand die Sympathie,
Die sie immer für mich empfunden.

„Siehst du" – sprach sie – „in früherer Zeit
War mir am meisten theuer
Der Sänger, der den Messias besang
Auf seiner frommen Leyer.

|397| „Dort auf der Commode steht noch jetzt
Die Büste von meinem Klopstock,
Jedoch seit Jahren dient sie mir
Nur noch als Haubenkopfstock.

„Du bist mein Liebling jetzt, es hängt
Dein Bildniß zu Häupten des Bettes;
Und siehst du, ein frischer Lorbeer umkränzt
Den Rahmen des holden Portraites.

„Nur daß du meine Söhne so oft
Genergelt, ich muß es gestehen,
Hat mich zuweilen tief verletzt;
Das darf nicht mehr geschehen.

„Es hat die Zeit dich hoffentlich
Von solcher Unart geheilet,
Und dir eine größere Toleranz
Sogar für Narren ertheilet.

|398| „Doch sprich, wie kam der Gedanke dir
Zu reisen nach dem Norden
In solcher Jahrzeit? Das Wetter ist
Schon winterlich geworden!"

O, meine Göttin! – erwiederte ich –
Es schlafen tief im Grunde
Des Menschenherzens Gedanken, die oft
Erwachen zur unrechten Stunde.

Es ging mir äußerlich ziemlich gut,
Doch innerlich war ich beklommen,
Und die Beklemmniß täglich wuchs –
Ich hatte das Heimweh bekommen.

Die sonst so leichte französische Luft,
Sie fing mich an zu drücken;
Ich mußte Athem schöpfen hier
In Deutschland, um nicht zu ersticken.

|399| Ich sehnte mich nach Torfgeruch,
Nach deutschem Tabaksdampfe;
Es bebte mein Fuß vor Ungeduld,
Daß er deutschen Boden stampfe.

Ich seufzte des Nachts, und sehnte mich,
Daß ich sie wiedersähe,
Die alte Frau, die am Dammthor wohnt;
Das Lottchen wohnt in der Nähe.

Auch jenem edlen alten Herrn,
Der immer mich ausgescholten
Und immer großmüthig beschützt, auch ihm
Hat mancher Seufzer gegolten.

Ich wollte wieder aus seinem Mund
Vernehmen den „dummen Jungen!"
Das hat mir immer wie Musik
Im Herzen nachgeklungen.

|400| Ich sehnte mich nach dem blauen Rauch,
Der aufsteigt aus deutschen Schornsteinen,
Nach niedersächsischen Nachtigall'n,
Nach stillen Buchenhainen.

Ich sehnte mich nach den Plätzen sogar,
Nach jenen Leidensstazionen,
Wo ich geschleppt das Jugendkreuz
Und meine Dornenkronen.

Ich wollte weinen wo ich einst
Geweint die bittersten Thränen –
Ich glaube Vaterlandsliebe nennt
Man dieses thörigte Sehnen.

Ich spreche nicht gern davon; es ist
Nur eine Krankheit im Grunde.
Verschämten Gemüthes, verberge ich stets
Dem Publiko meine Wunde.

|401| Fatal ist mir das Lumpenpack,
Das, um die Herzen zu rühren,
Den Patriotismus trägt zur Schau
Mit allen seinen Geschwüren.

Schamlose schäbbige Bettler sind's,
Almosen wollen sie haben –
Ein'n Pfennig Popularität
Für Menzel und seine Schwaben!

O meine Göttin, du hast mich heut
In weicher Stimmung gefunden;
Bin etwas krank, doch pfleg' ich mich,
Und ich werde bald gesunden.

Ja ich bin krank, und du könntest mir
Die Seele sehr erfrischen
Durch eine gute Tasse Thee;
Du mußt ihn mit Rum vermischen.

|402|

Caput XXV.

Die Göttin hat mir Thee gekocht
Und Rum hineingegossen;
Sie selber aber hat den Rum
Ganz ohne Thee genossen.

An meine Schulter lehnte sie
Ihr Haupt, (die Mauerkrone,
Die Mütze, ward etwas zerknittert davon)
Und sie sprach mit sanftem Tone:

„Ich dachte manchmal mit Schrecken dran,
Daß du in dem sittenlosen
Paris so ganz ohne Aufsicht lebst,
Bei jenen frivolen Franzosen.

|403| „Du schlenderst dort herum, und hast
Nicht mahl an deiner Seite
Einen treuen deutschen Verleger, der dich
Als Mentor warne und leite.

„Und die Verführung ist dort so groß,
Dort giebt es so viele Sylphiden,
Die ungesund, und gar zu leicht
Verliert man den Seelenfrieden.

„Geh' nicht zurück und bleib' bei uns;
Hier herrschen noch Zucht und Sitte,
Und manches stille Vergnügen blüht
Auch hier, in unserer Mitte.

„Bleib' bei uns in Deutschland, es wird dir hier
Jetzt besser als eh'mals munden;
Wir schreiten fort, du hast gewiß
Den Fortschritt selbst gefunden.

|404| „Auch die Censur ist nicht mehr streng,
Hoffmann wird älter und milder,
Und streicht nicht mehr mit Jugendzorn
Dir deine Reisebilder.

„Du selbst bist älter und milder jetzt,
Wirst dich in manches schicken,
Und wirst sogar die Vergangenheit
In besserem Lichte erblicken.

„Ja, daß es uns früher so schrecklich ging,
In Deutschland, ist Uebertreibung;
Man konnte entrinnen der Knechtschaft, wie einst
In Rom, durch Selbstentleibung.

„Gedankenfreiheit genoß das Volk,
Sie war für die großen Massen,
Beschränkung traf nur die g'ringe Zahl
Derjen'gen, die drucken lassen.

|405| „Gesetzlose Willkür herrschte nie,
Dem schlimmsten Demagogen
Ward niemals ohne Urtheilspruch
Die Staatskokarde entzogen.

„So übel war es in Deutschland nie,
Trotz aller Zeitbedrängniß –
Glaub' mir, verhungert ist nie ein Mensch
In einem deutschen Gefängniß.

„Es blühte in der Vergangenheit
So manche schöne Erscheinung
Des Glaubens und der Gemüthlichkeit;
Jetzt herrscht nur Zweifel, Verneinung.

„Die praktische äußere Freiheit wird einst
Das Ideal vertilgen,
Das wir im Busen getragen – es war
So rein wie der Traum der Liljen!

|406| „Auch unsre schöne Poesie
Erlischt, sie ist schon ein wenig
Erloschen; mit andern Königen stirbt
Auch Freiligraths Mohrenkönig.

„Der Enkel wird essen und trinken genug,
Doch nicht in beschaulicher Stille;
Es poltert heran ein Spektakelstück,
Zu Ende geht die Idylle.

„O, könntest du schweigen, ich würde dir
Das Buch des Schicksals entsiegeln,
Ich ließe dir spätere Zeiten seh'n
In meinen Zauberspiegeln.

„Was ich den sterblichen Menschen nie
Gezeigt, ich möcht' es dir zeigen:
Die Zukunft deines Vaterlands –
Doch ach! du kannst nicht schweigen!"

|407| Mein Gott, o Göttin! – rief ich entzückt –
Das wäre mein größtes Vergnügen,
Laß mich das künftige Deutschland sehn –
Ich bin ein Mann und verschwiegen.

Ich will dir schwören jeden Eid,
Den du nur magst begehren,
Mein Schweigen zu verbürgen dir –
Sag an, wie soll ich schwören?

Doch jene erwiederte: „Schwöre mir
In Vater Abrahams Weise,
Wie er Eliesern schwören ließ,
Als dieser sich gab auf die Reise.

„Heb' auf das Gewand und lege die Hand
Hier unten an meine Hüften,
Und schwöre mir Verschwiegenheit
In Reden und in Schriften!"

|408| Ein feierlicher Moment! Ich war
Wie angeweht vom Hauche
Der Vorzeit, als ich schwur den Eid,
Nach uraltem Erzväterbrauche.

Ich hob das Gewand der Göttin auf,
Und legte an ihre Hüften
Die Hand, gelobend Verschwiegenheit
In Reden und in Schriften.

|409|

Caput XXVI.

Die Wangen der Göttinn glühten so roth,
(Ich glaube in die Krone
Stieg ihr der Rum) und sie sprach zu mir
In sehr wehmüthigem Tone:

10

„Ich werde alt. Geboren bin ich
Am Tage von Hamburgs Begründung.
Die Mutter war Schellfischköniginn
Hier an der Elbe Mündung.

15

„Mein Vater war ein großer Monarch,
Carolus Magnus geheißen,
Er war noch mächt'ger und klüger sogar
Als Friedrich der Große von Preußen.

20

|410| „Der Stuhl ist zu Aachen, auf welchem er
Am Tage der Krönung ruhte;
Den Stuhl worauf er saß in der Nacht,
Den erbte die Mutter, die gute.

25

„Die Mutter hinterließ ihn mir,
Ein Möbel von scheinlosem Aeußern,
Doch böte mir Rothschild all' sein Geld,
Ich würde ihn nicht veräußern.

30

„Siehst du, dort in dem Winkel steht
Ein alter Sessel, zerrissen
Das Leder der Lehne, von Mottenfraß
Zernagt das Polsterkissen.

„Doch gehe hin und hebe auf
Das Kissen von dem Sessel,
Du schaust eine runde Oeffnung dann,
Darunter einen Kessel –

|411| „Das ist ein Zauberkessel worin
Die magischen Kräfte brauen,
Und steckst du in die Ründung den Kopf,
So wirst du die Zukunft schauen –

„Die Zukunft Deutschlands erblickst du hier,
Gleich wogenden Phantasmen,
Doch schaudre nicht, wenn aus dem Wust
Aufsteigen die Miasmen!"

Sie sprach's und lachte sonderbar,
Ich aber ließ mich nicht schrecken,
Neugierig eilte ich den Kopf
In die furchtbare Ründung zu stecken.

Was ich gesehn, verrathe ich nicht,
Ich habe zu schweigen versprochen,
Erlaubt ist mir zu sagen kaum,
O Gott! was ich gerochen! – – –

|412| Ich denke mit Widerwillen noch
An jene schnöden, verfluchten
Vorspielgerüche, das schien ein Gemisch
Von altem Kohl und Juchten.

5 Entsetzlich waren die Düfte, o Gott!
Die sich nachher erhuben;
Es war als fegte man den Mist
Aus sechs und dreißig Gruben. – – –

10 Ich weiß wohl was Saint-Just gesagt
Weiland im Wohlfahrtsausschuß:
Man heile die große Krankheit nicht
Mit Rosenöl und Moschus –

15 Doch dieser deutsche Zukunftsduft
Mocht alles überragen
Was meine Nase je geahnt –
Ich konnt es nicht länger ertragen – – –

20 |413| Mir schwanden die Sinne, und als ich aufschlug
Die Augen, saß ich an der Seite
Der Göttin noch immer, es lehnte mein Haupt
An ihre Brust, die breite.

25 Es blitzte ihr Blick, es glühte ihr Mund,
Es zuckten die Nüstern der Nase,
Bachantisch umschlang sie den Dichter und sang
Mit schauerlich wilder Extase:

„Bleib bei mir in Hamburg, ich liebe dich,
Wir wollen trinken und essen
Den Wein und die Austern der Gegenwart,
Und die dunkle Zukunft vergessen.

„Den Deckel darauf! damit uns nicht
Der Mißduft die Freude vertrübet –
Ich liebe dich, wie je ein Weib
Einen deutschen Poeten geliebet!

|414| „Ich küsse dich, und ich fühle wie mich
Dein Genius begeistert;
Es hat ein wunderbarer Rausch
Sich meiner Seele bemeistert.

„Mir ist, als ob ich auf der Straß'
Die Nachtwächter singen hörte –
Es sind Hymeneen, Hochzeitmusik,
Mein süßer Lustgefährte!

„Jetzt kommen die reitenden Diener auch,
Mit üppig lodernden Fackeln,
Sie tanzen ehrbar den Fackeltanz,
Sie springen und hüpfen und wackeln.

„Es kommt der hoch- und wohlweise Senat,
Es kommen die Oberalten;
Der Bürgermeister räuspert sich
Und will eine Rede halten.

|415| „In glänzender Uniform erscheint
Das Corps der Diplomaten;
Sie gratuliren mit Vorbehalt
Im Namen der Nachbarstaaten.

5

„Es kommt die geistliche Deputazion,
Rabiner und Pastöre –
Doch ach! da kommt der Hoffmann auch
Mit seiner Censorscheere!

10

„Die Scheere klirrt in seiner Hand,
Es rückt der wilde Geselle
Dir auf den Leib – Er schneidet in's Fleisch –
Es war die beste Stelle."

|416|

Caput XXVII.

Was sich in jener Wundernacht
Des Weitern zugetragen,
Erzähl' ich Euch einandermahl,
In warmen Sommertagen.

Das alte Geschlecht der Heucheley
Verschwindet Gott sey Dank heut,
Es sinkt allmählig in's Grab, es stirbt
An seiner Lügenkrankheit.

Es wächst heran ein neues Geschlecht,
Ganz ohne Schminke und Sünden,
Mit freien Gedanken, mit freier Lust –
Dem werde ich Alles verkünden.

|417| Schon knospet die Jugend, welche versteht
Des Dichters Stolz und Güte,
Und sich an seinem Herzen wärmt,
An seinem Sonnengemüthe.

Mein Herz ist liebend wie das Licht,
Und rein und keusch wie das Feuer;
Die edelsten Grazien haben gestimmt
Die Saiten meiner Leyer.

Es ist dieselbe Leyer, die einst
Mein Vater ließ ertönen,
Der selige Herr Aristophanes,
Der Liebling der Kamönen.

Es ist die Leyer, worauf er einst
Den Paisteteros besungen,
Der um die Basileia gefreyt,
Mit ihr sich emporgeschwungen.

|418| Im letzten Capitel hab' ich versucht
Ein bischen nachzuahmen
Den Schluß der „Vögel", die sind gewiß
Das beste von Vaters Dramen.

Die „Frösche" sind auch vortrefflich. Man giebt
In deutscher Uebersetzung
Sie jetzt auf der Bühne von Berlin,
Zu königlicher Ergetzung.

Der König liebt das Stück. Das zeugt
Von gutem antiquen Geschmacke;
Den Alten amüsirte weit mehr
Modernes Froschgequacke.

Der König liebt das Stück. Jedoch
Wär' noch der Autor am Leben,
Ich riethe ihm nicht sich in Person
Nach Preußen zu begeben.

|419| Dem wirklichen Aristophanes,
Dem ginge es schlecht, dem Armen;
Wir würden ihn bald begleitet sehn
Mit Chören von Gensd'armen.

Der Pöbel bekäm' die Erlaubniß bald
Zu schimpfen statt zu wedeln;
Die Polizei erhielte Befehl
Zu fahnden auf den Edeln.

O König! Ich meine es gut mit dir,
Und will einen Rath dir geben:
Die todten Dichter, verehre sie nur,
Doch schone die da leben.

Beleid'ge lebendige Dichter nicht,
Sie haben Flammen und Waffen,
Die furchtbarer sind als Jovis Blitz,
Den ja der Poet erschaffen.

|420| Beleid'ge die Götter, die alten und neu'n,
Des ganzen Olymps Gelichter,
Und den höchsten Jehovah obendrein –
Beleid'ge nur nicht den Dichter!

Die Götter bestrafen freilich sehr hart
Des Menschen Missethaten,
Das Höllenfeuer ist ziemlich heiß,
Dort muß man schmoren und braten –

Doch Heilige giebt es, die aus der Glut
Losbeten den Sünder; durch Spenden
An Kirchen und Seelenmessen wird
Erworben ein hohes Verwenden.

Und am Ende der Tage kommt Christus herab
Und bricht die Pforten der Hölle;
Und hält er auch ein strenges Gericht,
Entschlüpfen wird mancher Geselle.

|421| Doch giebt es Höllen aus deren Haft
Unmöglich jede Befreiung;
Hier hilft kein Beten, ohnmächtig ist hier
Des Welterlösers Verzeihung.

Kennst du die Hölle des Dante nicht,
Die schrecklichen Terzetten?
Wen da der Dichter hineingesperrt,
Den kann kein Gott mehr retten –

Kein Gott, kein Heiland, erlöst ihn je
Aus diesen singenden Flammen!
Nimm dich in Acht, daß wir dich nicht
Zu solcher Hölle verdammen.

Anhang

[1*] Diese letzte Strophe des Gedichts hat Heine für die
(ansonsten zensierte) Separatausgabe (erster Einzeldruck)
durch folgende fünf Strophen ersetzt:

Der Schneiderkönig saß darin
Mit seinen beiden Räthen,
Wir aber benutzen die Körbe jetzt
Für andre Majestäten.

Zur Rechten soll Herr Balthasar,
Zur Linken Herr Melchior schweben,
In der Mitte Herr Gaspar – Gott weiß, wie einst
Die Drey gehaußt im Leben!

Die heil'ge Allianz des Morgenlands,
Die jetzt kanonisiret,
Sie hat vielleicht nicht immer schön
Und fromm sich aufgeführet.

Der Balthasar und der Melchior,
Das waren vielleicht zwey Gäuche,
Die in der Noth eine Constituzion
Versprochen ihrem Reiche,

Und später nicht Wort gehalten – Es hat
Herr Gaspar, der König der Mohren,
Vielleicht mit schwarzem Undank sogar
Belohnt sein Volk, die Thoren!

5

[2*] In der Separatausgabe wurde *preußischer* Adler ersetzt
durch *bekannten* Adler

Zu dieser Ausgabe

Zur Textgestalt

Im Vorfeld der Veröffentlichung kam es in Bezug auf das satirische Versepos *Deutschland. Ein Wintermährchen* von Heinrich Heine (1797–1856) zu nicht unbeträchtlichen Auseinandersetzungen zwischen dem Autor und seinem Verleger Julius Campe (1792–1867) in Hamburg. Heine bestand partout auf einem zensurfreien Druck, Campe setzte aus finanziellen und praktischen Erwägungen mit seinem Diktum „Censur *muß* seyn" (An Heine, 22. April 1844) auf Vorsicht und Zurückhaltung gegenüber den Zensurbehörden.

Seit 1819 waren gemäß den berüchtigten Karlsbader Beschlüssen alle unter 20 Bogen (1 Bogen à 16 Seiten) Umfang liegenden Druckschriften vorab einer Zensur unterworfen. Dagegen konnte alles, was diese Umfänge überschritt, ohne Vorlage bei der Behörde erscheinen. Der Verleger lief jedoch Gefahr, dass ein Buch ohne Vorabsicherung nachträglich verboten und eingezogen werden konnte und er auf seinen Kosten sitzenblieb.

Heines Versepos kam mit seinen 27 Kapiteln, vier Strophen die Seite berechnet, nicht einmal auf die von ihm veranschlagten 10 Bogen. Um wenigstens den zensurfreien Umfang zu ermöglichen, schlug Heine vor, das *Wintermährchen* zusammen mit seinem neuen Gedichtband mit dem unverfänglichen Titel *Neue Gedichte* zu drucken. Nach Durchsicht der Druckvorlage im Juni 1844 fand sich Campe in seinen Bedenken bestärkt und ließ sich zu einer Veröffentlichung ohne Vorabzensur erst durch die Vermittlung des Journalisten François Wille bewegen, den beide Parteien als neutralen Gutachter bestellten. Campe nahm das Risiko auf sich, und Heine machte auf Anraten Willes verschiedene Abschwächungen und strich einige Verse ohne weitere Einwendungen aus dem Manuskript.

Bereits am 25. September 1844 erschien das neue große Poem *Deutschland. Ein Wintermährchen* ohne Vorzensur im Rahmen der Ausgabe der *Neuen Gedichte* bei Hoffmann und Campe in Hamburg. Es findet sich dort auf den Seiten 277 bis 421 und darf trotz einiger Abweichungen gegenüber der Druckvorlage als authentische Fassung gelten.

Parallel zu diesem Erstdruck wurde eine Separatausgabe geplant und vorbereitet, für die Heine ein Vorwort mit Datum vom 17. September 1844 verfasste. Nach Durchlauf durch die Vorzensur zeigte sich, dass Heines Befürchtungen, sein Manuskript würde durch behördliche Eingriffe dem gänzlichen Missverständnis beim Publikum ausgeliefert, etwas überzogen waren. Der Zensor hatte, wohlvorbereitet durch Campe, Heines *Wintermähr-chen* insgesamt recht zurückhaltend behandelt. Er bestand auf einer Streichung der vier Schlussstrophen von Caput III und der letzten 30 Zeilen von Caput XIX. Im Gegenzug hat Heine im Separatdruck die letzte Strophe von Caput IV zu fünf neuen Strophen erweitert und die Streichung in Caput XIX durch zwei Verszeilen Zensurstriche

kenntlich gemacht. Auch sein Vorwort weist ironisch auf
diese Eingriffe hin:

> „Um den Einzeldruck veranstalten zu können,
> mußte mein Verleger das Gedicht den überwa-
> chenden Behörden zu besonderer Sorgfalt überlie-
> fern, und neue Varianten und Ausmerzungen sind
> das Ergebniß dieser höheren Kritik."

Zwei solche Varianten der „höheren Kritik" sind noch
anzumerken. In Caput XI musste der Name des Histori-
kers „Raumer" durch „R***" ersetzt werden sowie in
Caput XVIII die Formulierung „dem preußischen Adler"
durch „dem bekannten Adler".

Der Text unserer Ausgabe des *Wintermährchens* folgt
dem ersten Druck im Rahmen der Erstausgabe der *Neuen
Gedichte* zeichengenau in Orthographie und Interpunkti-
on. Eingriffe in den Originaltext wurden nur bei offen-
sichtlichen Satzfehlern vorgenommen (z.B. wurde
„Capnt" durch „Caput" ersetzt). Angaben in eckigen
Klammern sind Konjekturen, Hinzufügungen bzw.
Verdeutlichungen des Herausgebers. Textanordnung
(Absätze, Leerzeilen, Zentrierungen etc.) und Schriftge-
staltung (Punktgröße, Auszeichnungen usw.) geben, ohne
ein Faksimile ersetzen zu wollen, in modifizierter Form
die originale Situation wieder. Die Ziffern zwischen den
senkrechten Haarstrichen markieren die Paginierung des
Erstdrucks.

GLOSSAR

Adonis: nach dem Geliebten der Aphrodite in der griech. Sage allg. „ein schöner Jüngling"; hier: Hamburger Original

Altfränkische: nach alter Art, altmodisch

Ampeln: hängende Öllampen

Amphytrio: →Campe war…

Antiquar: Altertumsforscher, Händler mit Altertümern (Antiquitäten)

Antoinette, Marie (1755–1793): österr. Kaisertochter und Gemahlin Ludwigs XVI. von Frankreich (1774–1792); 1793 enthauptet

Aristophanes (um 445 bis um 385 v. Chr.): griech. Komödiendichter, dessen angriffslustige Stücke alle seine tiefe Friedenssehnsucht als politische Grundanschauung zeigen; berühmt sind seine Komödien „Die Vögel", „Die Frösche", „Der Frieden", „Lysistrata"

Atalante: in der griech. Sage verlor die im Wettlauf mit ihren Freiern stets siegreiche Atalante gegen Hippomenes, weil sie sich nach drei von diesem fallengelassenen goldnen Äpfeln bückte

Augur: röm. Priester; Deuter der Zukunft aus dem Vogelflug

Bachantisch: trunken wie die Begleiterinnen des röm. Weingottes Bacchus

Banko: Hamburger Währung bis 1873

Basileia: Figur aus →Aristophanes' Komödie „Die Vögel"

Bastille: bis 1789 Staatsgefängnis in Paris

Becker, Niklas (1809–1845): Aktuar und Gerichtsschreiber; sein 1840 erschienenes Lied „Der deutsche Rhein" als Reflex auf französische Absichten, den Rhein zum Grenzfluss zu erklären, entfachte eine Welle nationaler Empörung

Beyschais': die →Diligence begleitender Beiwagen

Bergpredigt: vgl. Matth. 5–7 und Luk. 6,20–49

Biberich: Anspielung auf einen Konflikt zwischen den Herzogtümern Nassau und Hessen-Darmstadt, bei dem über 100 Schiffsladungen Steine in den Rhein versenkt wurden

Biber, Georg Ehlert (1761–1845): Bevollmächtigter einer Brandversicherungsgesellschaft, die nach dem Brand →Hamburgs zahlungsunfähig wurde

Bijouterien: Schmuck, Geschmeide

Birch-Pfeiffer, Charlotte (1800–1868): Schauspielerin und erfolgreiche Dramatikerin

Blamage: Bloßstellung, Beschämung

Bonaparte: →Napoleon

Braunen: (Augen-)Brauen

Brümmeln: brummeln, undeutlich sprechen

Bücklinge: geräucherte Heringe

Büttel: Gerichtsdiener, Häscher

Cajenne-Piment: scharfes, pfefferartiges Gewürz

Campe, Julius (1792–1867): Heines Hamburger Verleger

Campe war Amphitryo: so viel wie →„Campe war Gastgeber" in Anspielung auf eine Passage in Molières / Kleists Komödie „Amphitryon"

Canaillen: Schurken, Gesindel

Cancan: um 1830/40 in Paris entstandener, als unzüchtig geltender Tanz

Carls des fünften: gemeint ist die 1532 von Kaiser Karl V. (1519–1556) erlassene sog. „Peinliche Gerichtsordnung" („Constitutio Criminalis Carolina")

Carolus Magnus / Karl der Große (742–814): seit 768 König der Franken, seit 800 röm. Kaiser; er ist im Aachener Dom beigesetzt

Cavallerie: Reiterei, Reitertruppe

Censor, meinen alten: Friedrich Lorenz Hoffmann (1790–1871) war von 1822 bis 1848 Zensor in Hamburg

Chaise: (frz.) Postkutsche

Chaufepié, Hermann de (1801–56): Hamburger Arzt

Cheruskerfürst: →Tacitus

Chezy, Helmine Christiane von (1783–1856): dichtende Enkelin der →Karschin

chi va piano va sano: (ital.) „wer langsam geht, geht sicher"

Cicerone: Fremdenführer

Clerisey: Klerus, kath. Geistlichkeit

Collekte: →kollektirte

Consul…Liktor: die höchsten Staatsbeamten (Konsuln) im antiken Rom und ihre Amtsdiener (Liktoren); letztere trugen bei Zeremonialanlässen die Zeichen der Gewalt über Leben und Tod voran (Rutenbündel mit Beil)

Contrebande: Schmuggelware, Konterbande

Cornelius, Peter von (1783–1867): Maler

Curiosa: seltene, seltsame Dinge

Damokles Schwert: der Tyrann Dionysios von Syrakus ließ über dem Höfling Damokles ein Schwert an einem Pferdehaar pendeln, um ihm das zweifelhafte Glück der Mächtigen zu demonstrieren

Danaiden Tonne, Der: in der griech. Sage ein durchlöchertes Fass, das die Töchter des Danaos zur Strafe mit Wasser füllen müssen

Dante Alighieri (1265–1321): der ital. Dichter schildert im ersten Teil (Inferno = Hölle) seiner in dreizeiligen Strophen (Terzinen) verfassten „Divina Commedia" („Göttliche Komödie") die Höllenqualen ihm feindseliger Zeitgenossen

Danton, Georges Jacques (1759–1794): als Freunde dem führenden Kopf der Französischen Revolution zur Flucht rieten, soll er gesagt haben: „Partir!… Est-ce qu'on emporte sa patrie à la semelle de son soulier!" Georg Büchner übernimmt die Anekdote folgendermaßen in sein 1835 entstandenes Drama „Danton's Tod": „Nimmt man das Vaterland an den Schuhsohlen mit?"

deklamiren: kunstgerecht vortragen; hier Anspielung auf die Festansprache zur zweiten Grundsteinlegung (1842) des Doms durch →König Friedrich Wilhelm IV.

Demagogen: Volksverführer; hier: Oppositionelle

Deputazion: Abordnung

Diligence: (frz.) geschlossene Eilpostkutsche

Domverein: der 1842 gegründete Zentrale Dombauverein betrieb mit Staatsmitteln und Spendengeldern die Fertigstellung des seit der Reformation ruhenden Dombaus

dorische(n) Säulen: schwere, gedrungene Säulen im Stil des frühen griechischen Tempelbaus

Douanenkette: (frz. douane = Zoll) satirische Anspielung auf ein Gedicht von →Hoffmann von Fallersleben, das den →Zollverein feiert

Douanièrs, preußischen: preuß. Zollbeamte; seit 1815 (Wiener

Kongreß) gehörte die Rheinprovinz mit Trier, Köln und Aachen zu Preußen

Drehbahn: damaliges Hamburger Zentrum der Prostitution

Dübarry, Marie Jeanne Gräfin (1743–1793): (Dubarry) seit 1769 die Mätresse (= Geliebte) Ludwigs XV. von Frankreich (1715–1774); 1793 enthauptet

Dukaten: seit dem 16. Jahrhundert deutsche Reichsmünze

Eliesern: Knecht Abrahams; vgl. 1. Mose 15,2

Elisäischen Feldern…Triumphes Bogen: gemeint ist die Champs-Elysées in Paris, die zum Arc de Triomphe führt

emphatisch: nachdrücklich, eindringlich

englischen Würmer, die: die Insel St. Helena, →Napoleons Verbannungs-, Sterbe- und Bestattungsort, war englischer Besitz; →Standarten

Er, das alte: herablassende Anredeform in der dritten Person, bis zum Ende des 18. Jahrhunderts gebräuchlich

Ernst August (1871–1851): König von Hannover und Herzog von Cumberland; er war vor der Thronbesteigung Führer der konservativen „Tories" im engl. Oberhaus

Etiquette: bei Hof zu beachtende Umgangsordnung

Europa, Jungfer: Personifizierung nach der Figur der antiken Mythologie

Exil(es): Verbannung, Verbannungsort

exorziren: durch Beschwörung (Dämonen) austreiben

Extase: Entrückung, Verzückung

Falada: Heines Bezug ist das Märchen „Die Gänsemagd" aus den Grimmschen „Kinder- und Hausmärchen"

Faubourg-Poissonnière: seit 1841 wohnte Heine in der Rue du Faubourg Poissonnière

Firlifanze: (Firlefanz) Flitterkram, Unsinn, Possen

Flaschen von Eisen, langen: bildlich für „Gewehre"

„Frösche": →Aristophanes

Fouqué, Uhland, Tieck: die Dichter Friedrich de la Motte-Fouqué (1777–1843), Ludwig Uhland (1787–1862) und Ludwig Tieck (1773–1853) gelten Heine als Vertreter einer restaurativen Romantik

Freiligrath, Ferdinand (1810–1876): Schriftsteller und Lyriker der radikal-demokratischen Freiheitsbewegung

Friedrich der Große (1712–1786): ab 1740 als Friedrich der II. König von Preußen

frivolen: leichtfertigen, schlüpfrigen

Fuchtel, die: Fechtdegen mit breiter Klinge, der auch zur Züchtigung im preuß. Heer verwendet wurde

Fucks, Friedrich August (1811–1856): Gymnasiallehrer

galante: höfliche, zierliche

Gäuche: Narren, Toren

Geldwechsler…Tempel: vgl. Mark. 11,15–17

Genergelt: durch Nörgeln belästigt, geärgert

Genius: Schutzgeist; die als göttlich erachtete Verkörperung des Wesens eines Menschen

genung: Nebenform zu „genug"

Gestofte: (niederdt.) gedämpfte, gekochte

Grazien: die Göttinnen der Anmut, des Liebreizes und Frohsinns

Groschen: →Thaler

Gudel, die alte: von Heine verschiedentlich erwähnte Hamburger Dirne

Guillotin, Joseph Ignaz (1738–1814): frz. Arzt, nach dem die „Guillotine", die Enthauptungsmaschine der Französischen Revolution benannt ist

Gumpelino: gemeint ist der Bankier Lazarus Gumpel (1768–1843)

Hafenschanze: Hafenbefestigung

Halsgericht: →Karls des Fünften

Hamburg: die Stadt, in der Heines Mutter wohnte, war durch einen Großbrand vom 5.–8. Mai 1842 schwer beschädigt

Hammonia: Schutzgöttin der Stadt Hamburg; Heine beschreibt sie nach dem Stadtwappen

Harris, Georg (1780–1838): Journalist aus Hannover und →Paganinis Sekretär und Reisebegleiter

Haruspex: im antiken Rom aus den Eingeweiden der Opfertiere weissagender Priester

Haubenkopfstock: Hut- bzw. Haubenhalter in Form eines Holzkopfs

hecheln: hier: jmdn. mit spitzen Reden verhöhnen

Hegel: →Kant

Hegemonie: Vorherrschaft

heil'gen drey Kön'gen: Magier aus dem Morgenland (vgl. Matth. 2,1 ff.); seit 1164 ruhen ihre angeblichen Gebeine in einem kostbaren Schrein im Kölner Dom

heilige römische Reich, das: das seit 962 als Fortsetzung des Römischen Reiches geltende Deutsche Reich endete 1806 mit dem Thronverzicht durch Franz II.

Helenen: Helena, in der griech. Mythologie die Tochter des Zeus und der Leda, gilt als das Urbild aller weiblichen Schönheit

Hengstenberger: Anhänger des dogmatischen evangelischen Theologen Ernst Wilhelm Hengstenberg (1802–1869)

Hermann der Cherusker: →Tacitus

Hermeline: das weiße Winterfell des Wiesels als königlicher Gewandbesatz

Hochstraaten, Jakob van (um 1460 bis 1527): der Kölner

Dominikaner (van Hoogstraeten) wirkte ab 1510 als Inquisitor (= Ketzerrichter)

Hochtoryscher Lord: König →Ernst August

Hochzeitkarmen: (lat. carmen = Gedicht) Hochzeitslied

Hoffmann von Fallersleben, August Heinrich (1798–1874): Schriftsteller und Professor für deutsche Sprache und Literatur in Breslau; wegen seiner „Unpolitischen Lieder" 1840/41 des Amtes enthoben

Horazius Flaccus, Quintus (65–8 v.Chr.): Klassiker der antiken lat. Dichtung, die keinen Endreim kennt

Hyder, hundertköpfige: (Hydra) vielköpfiges Ungeheuer der griech. Sage, dem für jeden abgeschlagenen Kopf zwei neue nachwachsen

Hymeneen: (griech.) Hochzeitsgesänge, benannt nach dem Gott der Ehe Hymeneios

Illuminirten: erleuchteten festlich

imperiale: das Imperium (= die Herrschaft, das Reich) betreffend; kaiserlich

Jahn, Friedrich Ludwig (1778–1852): Begründer der Turn- und Sportbewegung mit dem Beinamen „Turnvater"

Jehova: alte, aber unrichtige Lesung des aus religiöser Scheu vermiedenen hebräischen Gottesnamens Jahwe

Johanna von Montfaucon: Titelfigur eines romantischen Schauspiels (1800) von August von Kotzebue (1761–1819)

Jovis Blitz: Attribut des obersten Gottes Jupiter

Juchten: in Russland hergestelltes Leder; hier in uneigentlicher Bedeutung für „Peitsche" und „Despotismus"

Kakatum non est piktum: (lat.) „Gekackt ist nicht gemalt"; Redensart

Kalkuten: Truthähne

Kamaschenritterthum: (Kamaschen = Gamaschen, knöpfba-

re Überstrümpfe); hier abwertend für „alte, überstän-
dige Verhältnisse"

Kamönen: altröm. weissagende Quellnymphen, die den
griech. Musen, den Schutzgöttinnen der Künste,
gleichgesetzt wurden

Kant...Fischte...Hegel: die drei Hauptvertreter der deutschen idealistischen Philosophie: Immanuel Kant
(1724–1804), Johann Gottlieb Fichte (1762–1814) und
Georg Wilhelm Friedrich Hegel (1770–1831)

Karsch(in), Anna Luise (1722–1791): Dichterin mit dem
Beinamen „die deutsche Sappho"

Kiffhäuser: Bergrücken in Thüringen, an dessen Südhang
sich die Barbarossahöhle befindet; →Rotbart

Klenke, Karoline Luise von (1754–1802): eine dichtende
Tochter der →Karschin

Klopstock, Friedrich Gottlieb (1724–1803): der ab 1770 in Hamburg lebende Dichter ist vor allem durch sein Versepos
„Der Messias" (1748–1773) berühmt geworden

Kolb, Gustav (1798–1865): Chefredakteur der Augsburger
„Allgemeinen Zeitung", in der Heine von Paris aus
seine journalistischen Arbeiten veröffentlichte

Kolben: Keule; Schlagwaffe

kollektirte / Collekte: sammelte / Spendensammlung

kompromittiret: ins Gerede, in Verruf gebracht

konfiszirliche Bücher: beschlagnahmbare Bücher; scherzhaf-
te Neubildung Heines

König / O König! / königlicher: wenn der Kontext nicht ein-
deutig anders bestimmt ist, so ist damit stets Friedrich
Wilhelm IV. (1795–1861) gemeint, der 1840 als König
von Preußen den Thron bestieg

konservirt: bewahrt, (frisch) erhalten

Körner, Theodor (1791–1813): der bekannteste deutsche Freiheitsdichter; hier: Anspielung auf sein Gedicht von 1813 „Lied der schwarzen Jäger

Krammetsvögel: Wacholderdrosseln

Kyrie Eleison: (griech.) „Herr erbarme dich!"; Gebetsruf

Landesväter drey Dutzend: gemeint sind die deutschen Bundesstaaten

Lavement: Abführmittel, ein Mittel für Darmeinläufe

Legion(en): röm. Truppeneinheit von 5000–6000 Soldaten

Leyer: Saiteninstrument und Symbol der Dichtkunst

Lißt, Franz (1811–1886): Komponist und Pianist, der 1842 in Köln ein Konzert zugunsten des Dombaus gab

Lottchen: neben Heines Mutter Betty (1771–1859) („alte Frau"), dem Onkel Salomon Heine (1767–1844) („jenem edlen alten Herrn") findet sich hier auch seine Schwester Charlotte (1800–1899) erwähnt

Ludwig XV. (1715–1774): König von Frankreich; →Dübarry

Ludwig XVI. (1774–1792): König von Frankreich; →Antoinette

Malheur: Unglück

Mamsell: (aus frz. Mademoiselle) mein Fräulein

Marcus Tullius Maßmanus: Anspielung in den Vornamen auf den röm. Redner Marcus Tullius Cicero (106–43 v.Chr.)

Marstall: fürstliche Reitstallung

Maßmann, Hans Ferdinand (1797–1874): Organisator des deutschen Turnwesens und Germanist in Berlin

Mayer, Carl (1786–1870): Lyriker aus dem Kreis um Kerner und Uhland, den Heine immer wieder mit Spott bedacht hat

Me hercule!: (lat.) „Beim Herkules!", „Wahrhaftig!"

Mendelssohn, Moses (1729–1786): Philosoph und Beförderer
   der Emanzipation des Judentums in Deutschland
Mensur: studentischer Fechtkampf mit blanker Waffe
Mentor: in der griech. Sage Berater des Telemachos
Menzel, Wolfgang (1798–1873): Schriftsteller, der der sog.
   „Schwäbischen Schule" nahestand, und Literaturkriti-
   ker, der durch seine Stellungnahme gegen das Junge
   Deutschland dessen Verbot durch einen Beschluss des
   Bundestages vom 10.12.1835 mitverursachte
Messias: →Klopstock
Miasmen: giftige Dünste, Pesthauch
Miserere: (lat.) „erbarme Dich"; Bezeichnung des 51. Psalms,
   der in der Totenmesse gesungen wird; hier allg. für
   „menschliches Elend"
Mohrenkönig: die Ballade „Der Mohrenfürst" (1838) von
   →Freiligrath
Mokturtelsuppen: unechte Schildkrötensuppe
Monument, ein: das Hermannsdenkmal im Teutoburger
   Wald (1838–1875)
Moschus: Duftstoff aus dem Drüsensekret der männl.
   Moschustiere
Mülheim: gemeint ist Köln-Mülheim
Müsset, Alfred de (1810–1857): (eigtl. Musset) viel um-
   schwärmter französischer Dichter, der 1840 auf Niklas
   →Beckers Rheinlied mit einer Parodie antwortete
Napoleon I. (1769–1821): 1804 bis 1814/15 Kaiser der Franzo-
   sen
Neander, Johann August Wilhelm (1789–1850): (eigtl. David
   Mandel) evang. Theologe und Mitglied des preuß.
   Oberzensurkollegiums
Nero (54–68 n. Chr.): despotischer röm. Kaiser

Odem: Nebenform zu „Atem"

Odysseus: Held von Homers Epos „Odyssee"; er gerät in die Gefangenschaft des einäugigen Riesen Polyphem, der ihn in eine Höhle sperrt; aus ihr befreit sich der listige Odysseus, der sich Niemand nennt, und überwindet den Menschenfresser, indem er ihm mit einem glühenden Pfahl das Auge aussticht

Olymp: in der griech. Mythologie der Sitz der Götter

Paganini, Niccol̄ (1782–1840): ital. Geigenvirtuose

Paisteteros: Figur aus →Aristophanes' Komödie „Die Vögel"

Patriotismus: Vaterlandsliebe

Persifflage: geistreiche Verspottung

Pfühles: Polster, Kissen, Bettlager

Phantasmen: Trugbilder

Philister: kleinlicher Mensch, Spießer

phlegmatisch: träg, schwerfällig, gleichgültig

Pointe: Spitze; witziger Einfall

Populazion: Bevölkerung

Positur: angemessene Haltung, Pose

Quarten…Terzen: Klingenstellungen bei der →Mensur

Quaste: Ziertroddel der Klingelschnur

Quiriten: Anrede der vollberechtigten römischen Bürger

Rabiner: jüdischer Gemeindelehrer und Prediger

Raben und der Eulen: Heinesche Chiffren für die reaktionären Kräfte der Zeit

Raumer, Friedrich von (1781–1873): Historiker und Mitglied des preuß. Oberzensurkollegiums

Rebekka…Abraham…Lea…Felix: Ehefrau, Sohn, Schwiegertochter und Enkel (= der Komponist Felix Mendelssohn-Bartholdy / 1809–1847) von Moses →Mendelssohn

reisiges Volk: bewaffnete Reiter, berittenes Gefolge

Respittag: der letzte Tag des Zahlungsaufschubs

Rhetorik: Redekunst

Riese…neu die Kräfte: Anspielung auf die griech. Sage vom Riesen Antäus, dem Sohn der Gaia (= Mutter Erde), der seine Kräfte aus der Berührung mit der Erde bezog

Römlinge: abwertende Bezeichnung für den kath. Klerus

Roßkämme: Pferdehändler

Rothbart: Übersetzung des ital. Beinamens Kaiser Friedrich I. (1152–1190), genannt „Barbarossa", der der Sage nach →im →Kyffhäuser schlafend auf seine Wiederkehr wartet

Rothschild: bekannte, aus Frankfurt a.M. stammende Bankiersfamilie

Sahltrepp': in Hamburg übliche Bezeichnung für die Treppe ins Obergeschoß eines Hauses

Saint-Just, Louis Antoine de (1767–1794): radikaler Kopf der Französischen Revolution; die Sentenz ist nicht von ihm

Sankt Lamberti: am Turm der Lamberti-Kirche in Münster hängen drei eiserne Käfige, in denen 1536 die Leichen der hingerichteten Führer der Wiedertäufer gezeigt wurden

Sarkophagen: Prunksärge aus Stein

Sarras: der Jagdhund von Julius →Campe

Schelling, Friedrich Wilhelm (1775–1854): Philosoph des deutschen Idealismus

schlampampen: (lautmalerisch) schlemmen, schmatzend essen

Schock: altes Zählmaß (60 Stück)

sechs und dreißig Gruben: →Landesväter drei Dutzend

Seneka, Lucius Annaeus (um 4 v. Chr. bis 65 n. Chr.): römischer Philosoph, der sich von →Nero zum Selbstmord gezwungen die Adern aufschnitt

Seraph: Engelswesen, zunächst dem Throne →Jehovas

Siebenjährigen Krieg, dem: er begründete 1756–1763 Preußens Aufstieg zur europ. Großmacht

Sokrates (469–399 v.Chr.): griech. Philosoph, der behauptete, eine warnende innere Stimme (daimonion = Dämon) zu besitzen

sonder: ohne

Spiritus Familiaris: (lat.) dienstbarer, treuer Hausgeist

Spitzen…Mecheln: Klöppelwaren berühmter belg. Herstellungsorte; daneben Wortspiel mit der Bedeutung „Sticheleien"

Spleen: (engl.) hier: Lebensüberdruss, Hypochondrie

Staatskokarde: staatliches Hoheitsabzeichen an der Dienstmütze von Beamten und Soldaten

Standarten: Feldzeichen und Fahnenordnungen anlässlich der Leichenüberführung →Napoleons nach Paris (1840)

Stockfische: durch Trocknen haltbar gemachte Fische

strählte: kämmte

Stukkert: (schwäb.) Stuttgart

subskribiret: sich in eine Spendenliste eingetragen

Sylphiden: weibl. Luft- und Elementargeister; hier: leichte, verführerische Mädchen

Synagog…Tempel: aufgrund einer Reform des israelitischen Gottesdienstes kam es 1816 zu einer Spaltung der Hamburger Judenschaft

Syrene: in der griech. Mythologie verführerisches Fabelwesen

Sysiphus: muss nach der griech. Mythologie zur Strafe

unermüdlich einen großen Stein auf einen Berg wäl-
zen, der ihm kurz vor dem Ziel wieder hinunterrollt

Tabernakel: (lat.) eigtl. der Sakramentsbehälter; hier als
Aufbewahrungsort der Reliquien der →Heiligen Drei
Könige erklärt

Tacitus (um 55 bis nach 116): röm. Geschichtsschreiber; er
berichtet in seinen „Annalen" über die Schlacht im
Teutoburger Wald (9 n.Chr.); die von dem Cherus-
kerfürsten Hermann (lat. Arminius) angeführten germ.
Stämme vernichteten die unter dem Befehl des Varus
stehenden röm. Legionen

Tambour: Leiter einer Militärmusikkapelle

Tempelkleinodien: Tempelschatz, Kostbarkeiten

Terzette(n): die beiden dreizeiligen Schlussstrophen des
Sonetts; hier von Heine um des Reimes willen für die
„Terzinen" genannte dreizeilige Strophenform bei
→Dante verwendet

Thaler: deutsche Münzeinheit (= 24 Groschen)

Toleranz: Duldung

Trabanten: bewaffnete Leibwächter, Leibgardisten, Begleiter

Trikolore: die frz. weiß-blau-rote Revolutions- bzw. Natio-
nalflagge

Triumvirat: Dreimännerherrschaft, -kollegium

Trophee: Siegesmal aus Waffen errichtet, Siegeszeichen

Troya: antike Stadt in Kleinasien, die von den Griechen
nach zehnjährigem Kampf um die entführte Helena
dem Erdboden gleichgemacht wurde

Tunika: hemdartiges röm. Leinengewand

Turkoasen: Türkise

Turney: altertümelnd für „Turnier"

Ulrich von Hutten (1488–1523): Humanist und Dichter;

vermutlich Mitverfasser der anonym erschienenen satirischen „Epistolae obscurorum virorum", der sog. „Dunkelmännerbriefe" (1515–1517), in denen die Kölner Theologen bloßgestellt werden

Varus: →Tacitus

Vehme: geheimes Gericht

Venus des Canova: die Marmorstatue der Fürstin Paulina Bonaparte-Borghese des ital. Bildhauers Antonio Canova (1757–1822)

Vestalen: die zur Keuschheit verpflichteten Priesterinnen der röm. Göttin Vesta, der Hüterin des heiligen Feuers

Victualien: Lebensmittel

visitiret: hier: durchsucht

Vive l'Empereur!: (frz.) „Es lebe der Kaiser!"

Vogel, häßlicher: hier: das Wappentier Preußens, der Adler

„Vögel": →Aristophanes

Voltairianer: Anhänger des frz. Aufklärungsschriftstellers Voltaire (1694–1778)

weiland: vormals, einst

weiß-blau-rothen: →Trikolore

welsche Lorettinn: „französische Dirne" in Anspielung auf das Pariser Dirnenviertel bei der Kirche Notre Dame de Lorette

Wille, François (1811–1796): Journalist; Schlichter in der Auseinandersetzung zwischen →Campe und Heine über die Herausgabe des „Wintermährchens"

Wohlfahrtsausschuß: oberstes Exekutivorgan der Revolutionsregierung in Frankreich

Zollverein: seit dem 1.1.1834 in Kraft befindliche handelspolitische Einigung zum Abbau der Binnenzölle

Zopf: vornapoleonische Haartracht des preuß. Militärs

Daten zu Leben und Werk
Heinrich Heine
(1797–1856)

1797–1815 Düsseldorf

1797　13. Dezember: Harry Heine wird in Düsseldorf als erstes von vier Kindern des Kaufmanns Samson Heine (1764–1828) und seiner Frau Peira („Betty"), geb. van Geldern (1771–1859), geboren.

1807–1814 Besuch des Düsseldorfer Lyzeums, geleitet von katholischen Geistlichen im Geiste französischer Spätaufklärung.

1811　3. November: Einzug Napoleons in Düsseldorf.

1815　Heine entscheidet sich ohne regulären Schulabschluss für eine kaufmännische Ausbildung.

1815 Frankfurt

1815　Besuch der Messe in Frankfurt verbunden mit einem kurzen Volontariat bei einem Bankhaus und bei einem Gewürzhändler.

1816–1819 Hamburg

1816　Heine geht nach Hamburg.

1817　Eintritt als Lehrling ins Bankgeschäft Heckscher & Co., dessen Inhaber sein Onkel Salomon Heine (1767–1844) ist.
Erste Gedichtveröffentlichungen in der Zeitschrift

Hamburgs Wächter unter einem Pseudonym.
Unglückliche Liebe zu seiner Cousine Amalie
(1800–1844).

1818 Onkel Salomon richtet Heine ein Kommissions-
geschäft in englischen Manufakturwaren ein: Harry
Heine & Co.

1819 Frühjahr: Heines Geschäft wird liquidiert.

1819 Wintersemester: Beginn eines vom Onkel Salomon
finanzierten dreijährigen juristischen Studiums, das
um zwei weitere Jahre verlängert wird.

1819–1820 BONN

1819–1820 Heine studiert zwei Semester Jura in Bonn;
neben seinen Pflichtfächern hört er vor allem allge-
meine Vorlesungen und besucht Veranstaltungen
zur deutschen Geschichte und Literatur.
Bekanntschaft mit dem in Bonn lehrenden August
Wilhelm von Schlegel.

1820 Beginn der Arbeit an dem historischen Drama
Almansor.

1820–1821 GÖTTINGEN

1820 Wintersemester: Studienbeginn in Göttingen.
Lektüre von Herder; vertieftes Studium Shakespeares.
Dezember: Ausschluss aus der Burschenschaft we-
gen Verstoßes gegen das Keuschheitsgesetz.

1821 23. Januar: Wegen einer Duellforderung muss Heine
mit dem Consilium abeundi sein Studium in Göttingen abbrechen.

1821–1824 BERLIN

1821   4. April 1821: Immatrikulation an der Universität.
Philosophievorlesungen bei Friedrich Hegel.
Verkehr in den Salons Rahel Varnhagens und Elisa-
beth von Hohenhausens.

1822   Heine veröffentlicht sein erstes Buch *Gedichte.*
September: Mitglied des Vereins für Kultur und
Wissenschaft der Juden.

1822   und folgende Jahre: Bekanntschaften mit Chamisso,
Fouqué, Grabbe, E.T.A. Hoffmann.

1823   Ein Band *Tragödien nebst einem lyrischen Intermezzo*
erscheint in Berlin.
20. August: Uraufführung von *Almansor* in Braun-
schweig in der Bearbeitung von August Klinge-
mann.

1824–1827 GÖTTINGEN

1824   30. Januar: Heine immatrikuliert sich erneut in Göttingen.
Im Herbst Wanderung über den Harz. *Die Harzreise* entsteht.

1825   28. Juni: Übertritt zum Protestantismus und Taufe
auf den Namen Christian Johann Heinrich in Heili-
genstadt.
Sommer: Heine besteht sein juristisches Examen
und promoviert bei Gustav Hugo in Göttingen zum
Dr. iur.
Nach der Promotion lebt Heine bei seinen Eltern in
Lüneburg.

1826   Bekanntschaft mit dem Verleger Julius Campe
(1792–1867).

April: Nach einem von der Zensur stark entstellten Vorabdruck erscheint *Die Harzreise* im ersten Band der *Reisebilder* bei Hoffmann und Campe in Hamburg (ferner enthalten: *Die Heimkehr, Die Nordsee* 1. Abt.).

1827 April: Campe veröffentlicht den zweiten Band der *Reisebilder* (er enthält: *Die Nordsee* 2. und 3. Abt., *Ideen. Das Buch Le Grand, Briefe aus Berlin*).

April bis August: Englandreise.

18. Oktober: *Das Buch der Lieder* erscheint bei Hoffmann und Campe.

1827–1830 MÜNCHEN

1827 Herbst: Übersiedlung nach München als Mitherausgeber von Cottas *Neuen Allgemeinen Politischen Annalen.*

1828 August bis Dezember: Reise nach Italien.

2. Dezember: Tod des Vaters.

1829 Februar bis Juli: Aufenthalt in Hamburg, Potsdam und Berlin.

Der dritte Band der *Reisebilder* erscheint (er enthält: *Reise von München nach Genua, Die Bäder von Lucca*).

1830–1831 HAMBURG

1830 Heine lebt wieder in Hamburg.

Sommer: Aufenthalt auf Helgoland.

Dezember: Der vierte Band der *Reisebilder* erscheint zu Weihnachten (er enthält: *Nachträge, Die Stadt Lucca, Englische Fragmente, Schlußwort*).

1831–1856 PARIS

1831 19. Mai: Ankunft in Paris, wo er dauernden Wohn-

sitz nimmt und als Korrespondent von Cottas *Allge-
meiner Zeitung* sowie französischer Journale seinen
Unterhalt verdient.

Kontakte und Bekanntschaften mit Dumas, Béran-
ger, George Sand, Balzac, Meyerbeer und Börne.

1832 Jahresende: Die Pariser Korrespondentenbriefe der
Jahre 1831/1832 erscheinen in Buchform unter dem
Titel *Französische Zustände*.

1834 Heine lernt Crescence Eugénie („Mathilde") Mirat
(1815–1883), seine spätere Frau, kennen.

Jahresanfang: Der erste Band des vierbändigen Sam-
melwerks *Der Salon* erscheint (*Französische Maler,
Gedichte, Aus den Memoiren des Herren von Schnabele-
wopski*).

November: Freundschaft mit George Sand.

1835 Januar: *Der Salon* II erscheint (Gedichtsammlung
*Neuer Frühling, Zur Geschichte der Religion und Philoso-
phie in Deutschland*).

10. Dezember: Von dem Verbot der Schriften des
Jungen Deutschland durch den deutschen Bundes-
tag sind auch Heines Bücher betroffen. Heine prote-
stiert mit einem offenen Brief gegen das Verbot.

Die französische Regierung gewährt ihm eine Pen-
sion.

Ende des Jahres: Der Essay *Die Romantische Schule,*
bereits in verschiedenen französischen und deutschen Fassungen im Umlauf, erscheint in seiner
endgültigen Form mit dem Druckvermerk 1836.

1837 Frühsommer: *Der Salon* III erscheint (Novellenfrag-
ment *Florentinische Nächte*, Essay *Elementargeister*).

Die zweite Auflage des *Buchs der Lieder* erscheint.

1839 Die dritte Auflage des *Buchs der Lieder* erscheint.
Die nach intensiver Shakespearelektüre entstande-
nen Skizzen *Shakespeares Mädchen und Frauen* erscheinen.

1840 Heine veröffentlicht die polemische Denkschrift
Heinrich Heine über Ludwig Börne (später unter dem
Titel *Ludwig Börne. Eine Denkschrift*).
Herbst: Der vierte und letzte Band des Sammel-
werks *Der Salon* erscheint (*Briefe über die französische
Bühne*, Erzählfragment *Der Rabbi von Bacherach,
Gedichte* und *Romanzen*).

1841 31. August: Heine heiratet in Saint-Sulpice Mathilde.
Die vierte Auflage des *Buchs der Lieder* erscheint.

1843 7. April: Heine entwirft sein erstes Testament.
Herbst: Erster Besuch Deutschlands seit 1831.
Begegnung mit Friedrich Hebbel und Karl Marx.

1844 Juli: Zweiter und letzter Besuch in Deutschland.
September: Innerhalb der Ausgabe der *Neuen Ge-
dichte* erscheint das satirische Versepos *Deutschland.
Ein Wintermärchen.*
Die fünfte und von Heine letztmals korrigierte Auf-
lage des *Buchs der Lieder* erscheint.
Dezember: Heines Onkel Salomon stirbt; Beginn
eines langen Erbschaftsstreits.

1846 Für die königliche Opernbühne in London schreibt
Heine zwei Ballettlibretti: *Die Göttin Diana* und *Der
Doctor Faust* (Uraufführung Prag 1926; das Faustbal-
lett hat Werner Egk 1947 zu seinem Ballett *Abraxas*
umgearbeitet).

1847 Das satirische Versepos *Atta Troll. Ein Sommernachts-
traum* erscheint in Buchform.

1848 Februarrevolution und Sturz des Bürgerkönigs.
      Heines Krankheit, eine ihn bereits länger beein-
      trächtigende Rückenmarkschwindsucht, verschlim-
      mert sich dramatisch.
      Beginn der Leidenszeit in der sog. Matratzengruft.
      Umzug in die rue d'Amsterdam.

1851 Der Gedichtzyklus *Romanzero,* der wesentlich in den
      Jahren 1844–1851 entstanden ist, erscheint in Ham-
      burg. Innerhalb eines Jahres folgen vier weitere Auf-
      lagen, die teilweise verboten und beschlagnahmt
      werden.
      13. November: Hinterlegung der notariell beglau-
      bigten Fassung seines Testaments.

1854 Die Veröffentlichung der autobiographischen Schrift
      Geständnisse erfolgt als Band I innerhalb der dreibän-
      digen Ausgabe der *Vermischten Schriften.*
      Als Band II und III legt Heine die in den Jahren
      1840–1843 entstandenen Korrespondentenberichte
      für die Augsburger *Allgemeine Zeitung* unter dem
      Titel *Lutetia. Berichte über Politik, Kunst- und Volksleben*
      vor.

1855 Die französische Ausgabe der *Lutetia* (*Lutèce*) wird
      ein Sensationserfolg und legt die Grundlage für
      Heines Ruhm in Frankreich.
      Umzug in die Avenue Matignon.
      Freundschaft mit Elise Krinitz („Mouche"), seiner
      letzten Liebe.

1856 17. Februar: Heinrich Heine stirbt in Paris, in der
      Avenue Matignon 3.
      20. Februar: Beerdigung auf dem Friedhof Mont-
      martre.

Deutschland. Ein Wintermährchen

Heinrich Heines Gedichtzyklus *Deutschland. Ein Winter-mährchen* trägt den Zusatz „Geschrieben im Januar 1844". Diese Angabe ist mit Vorsicht zu betrachten. Heines erster, sein „höchst humoristisches Reise-Epos" ankündigender Brief an den Verleger Julius Campe spricht zwar von einem „Cyklus von 20 Gedichten, gereimt, alles gottlob fertig", aber die Erstausgabe mit diesem Zusatz präsentiert nicht 20 „versifizirte Reisebilder", sondern sie besteht aus 27 Gedichten des „neuen Genres". Das vom Dichter schlicht „das große Gedicht" genannte *Winter-mährchen* ist selbst im April des Jahres noch nicht völlig fertiggestellt. Heine klagt am 17. April in einem weiteren, die Zensurprobleme mit Campe besprechenden Brief über ein Augenübel, das ihn am Lesen und Schreiben gehindert habe. Nebenbei fällt die Bemerkung: „Zum Glück war mein großes Gedicht fast vollendet. Nur der Schluss fehlte, und ich habe ihn vielleicht sehr nothdürftig ersetzt." Andererseits hat Heine mit seiner Arbeit am Zyklus, die damit doch in verschiedene Arbeitsphasen zerfällt, schon auf seiner Deutschlandreise vom 21. Oktober bis zum 16. Dezember 1843 nach Hamburg erste Notizen und Entwürfe zum *Wintermährchen* zu Papier gebracht. Wiederum sind wir brieflich unterrichtet. Am 29. Dezember 1843 schreibt er an Campe, ohne schon den Plan zu einem Zyklus zu erwähnen: „Hab auch auf meiner Reise mancherley Verse gemacht, die mir mit größerer Leichtigkeit gelingen, wenn ich deutsche Luft athme."

Auf dieser Reise im Oktober 1843, Heines erstem Besuch in der Heimat seit seiner Übersiedlung nach Paris 1831, entstanden aber nicht nur erste Verse, sie war selbst der äußere Anlass für die Entstehung des Zyklus, sie ist – versifizierte Reisebilder! – eigentlich sein Inhalt. Jedenfalls gab sie dem Zyklus die Struktur, denn die poetische Winterreise hält sich in umgekehrter Reihenfolge an die Stationen von Heines Route auf der Rückfahrt von Hamburg nach Paris: Celle, Hannover, Bückeburg, Minden, Teutoburger Wald, Unna, Hagen, Köln, Aachen, Brüssel, Paris. Aber auch hier gilt wie im Falle des Titelzusatzes Vorsicht. Nicht alles, was die „Winterreise" behauptet, hat der Tourist Heine gesehen und berührt, z. B. nicht das entstehende Hermannsdenkmal und Paderborn. Aber auch faktisch Erhärtetes ist der poetischen Stimmung wegen etwas modifiziert; zum möglicherweise goldenen Oktober des Jahres 1843 wollte das für die Grundstimmung notwendige Epitheton „traurig" nicht so recht passen. Caput I des *Wintermährchens* lässt deshalb die Reise etwas später beginnen.

„Im traurigen Monat November war's, [...]
Da reist' ich nach Deutschland hinüber." |279|

Einiges gar, was dem Touristen Heine vielleicht gefallen haben mag, durfte um der politischen Stimmigkeit und um der Tendenz willen sein Ich-Erzähler nicht gesehen haben. So jedenfalls sahen es viele, die sich vom Spott der Reisebilder getroffen fühlten und von einem Zerrbild sprachen. Objektivität jedoch ist nicht der Maßstab der Satire; sie darf sich auf andere Rechte berufen.

Heines versifizierte Reisebilder aus Deutschland hegen ganz offensichtlich auch andere bzw. zusätzliche Absichten als nur die einer poetischen Dokumentation. Zwar geben die Titel der Gedichte, bestehend aus dem Numerus currens (= laufende Nummer) und der lateinischen Bezeichnung „Caput" (= Hauptstück, Abschnitt, Kapitel) absolute Sachlichkeit vor, aber der Untertitel taucht unmissverständlich alles sofort in ironisierendes Zwielicht. Dennoch vermag er dem Reisebericht durch ein winterliches Land nicht alle Realität absprechen. Hier wie an anderen Stellen nimmt Heines Text eine akrobatisch-künstliche, eine künstlerische Körperhaltung ein: er hält sich im „Spagat".

Der Untertitel *Wintermährchen*, Shakespeares Drama *The Winter's Tale (Das Wintermärchen)* verpflichtet, ist mehr als nur eine poetisch-elegische Reminiszenz. Er konfrontiert sofort mit den politischen Absichten des Textes, der Deutschlands Erstarrungsschlaf andeutet. Nach einem kurzen politischen Erwachen zur Zeit der Juli-Revolution 1830 scheint dem Dichter das Land erneut in einen allgemeinen Dämmerzustand, in Halbschlaf verfallen zu sein. Überall begegnet Heines Ich-Erzähler auf seiner Reise übler Reaktion und schlimmer Restauration, sieht er zweifelhafte Vergangenheit hochverehrt als Überlieferung kultiviert. Dies wird ihm zum Anstoß und macht Heine seinerseits zum berühmten literarisch-politischen Ärgernis.

Dabei war Heine geradezu als ein heimwehkranker Schriftsteller aufgebrochen, der seine Mutter sehen, der seine Sehnsucht nach 'deutscher Sprache' gestillt wissen wollte und der wie der mythologische Riese Antäus durch die Berührung mit 'deutscher Muttererde' neue Kräfte erhoffte. Stilisierung hin, Selbstironie her –

„Und als ich an die Grenze kam, […]

Die Augen begunnen zu tropfen" |279| –,
Heines Gefühle wie die seines poetischen alter ego (vgl. auch Caput XXIV) sind bei aller Verfremdung echt; beide sind nicht prinzipiell voreingenommen, wenngleich 'bei blutendem Herzen' nicht unkritisch.

Doch selbst in seinen leisesten Hoffnungen sieht sich der Ich-Erzähler zutiefst enttäuscht; die faktischen Verhältnisse, die politischen wie die kulturellen, sprechen den Gefühlen für Heimat und Muttersprache, für ehrwürdige Überlieferungen und der Sehnsucht nach Freiheit Hohn. Das vor Heimweh blutende Herz blutet nun doppelt, ja dreifach, weil es auch an den elenden Zuständen maßlos leidet, deren Überwindung noch ganz andere Ströme von Herzblut kosten dürfte. Die spöttisch in seinen Reiseimpressionen beschriebene schlechte Gegenwart als fortgeschriebene üble Vergangenheit und die satirisch in eine noch üblere Zukunft weitergeschriebene Gegenwart wird in den Rahmenkapiteln eingespannt in einen sehr gegenwarts- und diesseitsbezogenen Utopie-entwurf, der sich als ein Lied im Gedicht absetzt:

„Ein neues Lied, ein besseres Lied,
O Freunde, will ich Euch dichten!
Wir wollen hier auf Erden schon
Das Himmelreich errichten." |281|

Diese poetische Vision, hinter der ein zweifellos sozial-
politisches Programm steckt – es darf gleichwohl nicht
verengend als ein das *Kommunistische Manifest* (1848) von
Karl Marx und Friedrich Engels vorbereitendes Do-
kument gelesen werden –, entlässt wie ein Prolog in ein
Stück deutsche Wirklichkeit, die aus Gründen der satirischen Schärfe in ihrer Bildlichkeit konsequent aufbereitet
wurde. Das desillusionierende Spiel, das auf der gegensätz-
lichen Folie eines fortschrittlichen Frankreich betrieben
wird, setzt spätestens mit dem Auftritt der Repräsentanten des institutionalisierten Preußentums ein. Die Zöllner
erinnern sofort an jene Macht, der Heines heftigste At-
tacken gelten, weil er in Preußens Hegemonieansprüchen
die wesentliche Ursache der desolaten Verhältnisse und
die größte Gefahr für die Zukunft sah. Konsequent führt
die Winterreise deshalb nicht nur in spätherbstlich abster-
bende Landschaft, in Nebel und tiefe Traurigkeit, sondern
auf ein Terrain, das zunehmend grundloser wird: über
Dreck, Schlamm und Kot führt die Bildlichkeit in die
Miasmen des Krönungsstuhls Karls des Großen, der als
Leib- und Nachtstuhl der Hammonia die Zukunft
Deutschlands geruchsweise illustriert. Die absolute Re-
spektlosigkeit dieser Szene (XXVI) wurde Heine als nationale Blasphemie ins Führungsbüchlein notiert; sie wollte es wohl auch sein.

Auch das große Finale des *Wintermährchens* war eine
solch freche Herausforderung. Dort kommt das Thema
der reaktionären politischen Romantik, das mit dem
preußischen Zöllner, dem Militär und der Zensur in
Caput II eingeführt wurde und das sich beklemmend
durch alle Kapitel zieht – der preußische Adler fliegt

immer mit –, erneut aufs Tapet. Nun jedoch wird nicht in
Repräsentation verhandelt, sondern die Szene fordert den
König selbst, Friedrich Wilhelm IV., der den Beinamen
der „Romantiker auf dem Thron" trägt, frech heraus. Der
Ich-Erzähler droht dem König in einem tollkühnen Akt
des Übermuts für Dichterbeleidigung – darunter fällt
insbesondere die Zensur – die Hölle des Dante an. Diese
Majestätsbeleidigung wurde durch intensive staatliche
preußische Abwehrmaßnahmen, der sich viele Bundesstaaten anschlossen, sofort nach Erscheinen des Buches zu
ahnden versucht. Vergeblich, wie sich erweisen sollte. Das
Wintermährchen fand ein lebhaftes Echo: Es war zwar heftig
umstritten, aber so, dass Campe, den Heines Satire nicht
schonte, bereits am 25. Oktober 1844 freudig bemerken
konnte: „indeß das Buch geht und wo es nicht geht: wird
es *getrieben*, und zwar so getrieben, daß es ein günstiges
merkantiles Resultat liefern *muß*. Wofür die Regierungen
thätigst wirken."

Heines Reiselied konfrontiert auf seinen Etappen den
Erzähler noch mit vielen Repräsentanten, Symbolen und
Figuren des deutschen „politischen Winters". Ihre Auftrit-
te erhalten sie in erzählenden Passagen, in Traumsequen-
zen, in dialogischen Szenen und Reflexionen, die durch
Heines der Volksballadenform angenäherte vierzeilige
Strophen mit abwechselnd 4-hebigem Anvers und 3-
hebigem Abvers zusammengehalten werden (da nur die
Verse 2 und 4 weibliche Reime bilden, wirken sie wie
Langzeilen). Strukturierende Höhepunkte in der mit Leit-
motiven durchsetzten, von kleinen Digressionen unter-
brochenen respektlosen Revue bilden die Köln-Kapitel,
die mit der religiösen Restauration abrechnen (IV–VII),

die Traum-Kapitel, in denen der politische Mythos der Zeit, der im Kyffhäuser schlafende Barbarossa, knapp der Guillotine entgeht (XIV–XVII), und die Capita in Hamburg, die der Begegnung mit der kolossalen Stadtgöttin Hammonia gelten, die den Erzähler zum Bleiben und zur Ehe überreden will (XXIII–XXVI). Eine Abrechnung ganz eigener Art bildet das kleine Nocturno in Caput XII, in dem Heine sein gespanntes Verhältnis zur politischen Opposition thematisiert und seinen ungebrochenen Einsatz für die Sache der Revolution betont.

Aus dem Rahmen fällt auch Caput XI, weil Heine hier ein satirisches Umkehrverfahren veranschlagt. Statt zu spotten, überhäuft er die nationale und literarische deutsche Freiheitsbegeisterung, die im Arminiusdenkmal ihr Symbol sah, mit letztlich vernichtendem Lob. Weniger polemisch und karikierend fällt dagegen die Kritik der literarischen Opposition aus, der Heine jedoch mit dem *Wintermährchen* grundsätzlich den künstlerischen Kampf ansagt. „Höhere Politik athmen" seine Reisebilder als die „bekannten politischen Stänkerreime" Herweghs, Hoffmanns von Fallersleben oder Dingelstedts (An Campe, 20. Februar 1844). Sein neues literarisches Genre, so Heine, ist „politisch romantisch und wird der prosaisch bombastischen Tendenzpoesie hoffentlich den Todesstoß geben." (An Campe, 17. April 1844)

Heines *Wintermährchen* blieb nicht davor verschont, selber der außerkünstlerischen Zwecke, der Tendenz, bezichtigt zu werden, und die Beherrschung der künstlerischen Formmittel, die ihm nur der willentlich blinde Hass absprach, konnte ihn nicht vor diesem Vorwurf bewahren. Ihm ist die Satire als deutlichste Form der

Tendenzdichtung jedoch immer ausgesetzt, nicht zuletzt,
weil vieles, was ihr zugehört, was der Aktualität verbün-
det ist, ein Verfallsdatum trägt. Einer ideologisch schiel-
äugigen Rezeptionsgeschichte ist die Tatsache, dass das
Wintermährchen wie kaum ein Text Heines produktiv und
traditionsstiftend weiterwirkte – zuletzt wohl in Wolf
Biermanns gleichnamiger Adaption (1972) –, schon der
den Vorwurf unkünstlerischer Tendenz entkräftende
Gegenbeweis. Dabei belegt er durch die Betonung der
kanonischen Geltung des *Wintermährchens* für die soziali-
stische Bewegung eher diesen Vorwurf. Von ihm wollte
sich Heine, solches befürchtend, durch einen Coup selber
befreien, indem er Campe sein Opus, das „die ganze
Gährung unserer deutschen Gegenwart, in der keksten,
persönlichsten Weise ausspricht", gleichzeitig als ein über
der Zeit stehendes Werk anempfiehlt, das „den bleiben-
den Werth einer klassischen Dichtung haben wird." (An
Campe, 17. April 1844)

Hat das *Wintermährchen* diesen Status je gehabt und
wenn ja, bleibt heute, nach Abzug dessen, was auch von
der wohl bedeutendsten satirischen Dichtung der
deutschen Literatur der Zeit verfallen ist, unterm Strich
noch so viel Wertschöpfung, dass Heines Behauptung
bestehen kann? – Sie kann! Heine selbst hat – im Gegen-
satz zu den törichten Vergleichen wohlmeinender Inter-
preten, die das *Wintermährchen* als Menschheitsgedicht von
der Art der *Göttlichen Komödie* Dantes oder von Goethes
Faust qualifizieren – seinen Bezugspunkt genannt: Er heißt
Aristophanes. Im letzten Kapitel seines Gedichts, das von
dessen Komödien inspiriert ist, wird er als Vater des Ich-
Erzählers ins Spiel gebracht und verweist unmißverständ-

lich auf die klassische Tradition, in der Heines „Huren-
und Nachtstuhl-Geschichten" (Campe an Heine, 25. Oktober 1844) stehen. In dieser Tradition aber können ihre
Qualitäten zweifelsfrei als erhärtet gelten.